- Andromire (Scudéry)
- Le p?? demurré (Guérin)
- Mithridate ⎫
- Clovite   ⎬ La Calprenède
- Bradamante⎭

4 Clorinde ou le sacrifice sanglant tragicomédie La Calprenède 1637

5 La Bradamante tragicomédie 1637

342-396

Y 5546.
N-33.

ANDROMIRE

TRAGI-COMEDIE.

DE Mʳ DE SCVDERY.

A PARIS,
Chez ANTOINE DE SOMMAVILLE, au Palais dans la
Gallerie des Merciers à l'Escu de France.

M. DC. XLI.
AVEC PRIVILEGE DV ROY.

AV LECTEVR.

BVoy que les Anciens ayent à peine connu le Poëme Tragi-comique, ie pense que nous pouuons asseurer, sans perdre le respect que nous leur deuons, que s'il n'est le plus parfait, il est du moins le plus agreable. C'est vne chose que le sentiment public a determinée, & que nostre plaisir particulier, nous a fait cōnoistre a tous par experience: & certes cette iuste mediocrité ou l'on dit que se trouue la perfectiō de toutes les choses, s'y rencontre admirablemēt. Ce beau & diuertissant Poeme, sans pancher trop vers la seuerité de la Tragedie, ni vers le stile railleur de la Comedie, prend les beautez les plus delicates de l'vne & de l'autre: & sans estre ni l'vne ni l'autre, on peut dire qu'il est toutes les deux ensemble, & quelque chose de plus. Mais que ceux qui n'aprouuent point ce meslange, ne s'imaginent pas que les ouurages de cette espece, soyent des Monstres comme les Centaures: & qu'ils sçachent au contraire, que comme en l'Architecture, on mesle les diuers Ordres; & que du meslāge des cinq il s'en fait vn composé, qui n'est pas moins beau que les simples; icy de mesme de l'assemblage de ces diuerses beautez, il resulte quelque chose d'excellent. Il est bien

ã

AV LECTEVR,

difficile qu'vne action toute nuë, de l'vne ou de l'autre maniere; sans episodes, & sans incidens impreueus; puisse auoir autant de grace, que celle qui dans chaque Scene, monstre quelque chose de nouueau; qui tient tousiours l'esprit suspendu; & qui par cent moyens surprenans, arriue insensiblement à sa fin. Pour moy, ie mets la mesme difference, entre ces sortes de Poemes, qu'entre ces Peintres qui ne sçauët faire qu'vne figure à demy corps, & cet illustre & fameux POVSSIN; qui pour la peinture, s'est rendu la gloire de son siecle & de sa patrie: & qui soit pour l'inuention, pour l'ordonnance, ou pour le grand nombre de figures, qu'il fait mouuoir ou plustost viure dans ses Tableaux, qui sont des chefs-d'œuures de ce bel Art; a eu peu de Maistres aux Siecles passez, & à peu d'esgaux dans le nostre. Ie ne sçay si i'ay raison de me faire vne loy de mon experience, mais ie sçay bien que des treize Poemes que i'ay composez pour le Theatre, & qui tous ont esté receus du public, plus fauorablement que ie ne le meritois; les Tragi-comedies, ont esté les plus heureuses: quoy que chacun m'ait voulu faire croire, que mon principal talent, estoit dans les choses graues. L'ANDROMIRE qui est ma derniere, & celle que ie vous presente; m'a confirmé puissamment en mon opinion: & ie serois plustost ingrat que modeste; si ie cachois ma reconnoissance, apres le succez qu'elle a eu. Aussi suis-ie obligé d'aüoüer, que soit pour la Fable ou pour les vers, pour

AV LECTEVR

l'inuention ou pour le ſtile, elle eſt auſſi bien que trois ou quatre autres des miennes, le dernier effort de mon eſprit. Telle qu'elle eſt LECTEVR, ie l'expoſe vne ſeconde fois à voſtre iugement, ſans répugnace & ſans orgueil: & ſi vous n'aprouuez au cabinet, ce que vous auez aprouué ſur la Scene; vous me trouuerez auſſi prompt à corriger mes fautes, que celles de l'Imprimeur. Croyez-le donc (mon cher LECTEVR) puis que cette proteſtation eſt auſſi vraye, qu'il eſt vray que ie m'apelle

DE SCVDERY.

ACTEVRS.

ANDROMIRE.   Reyne de Sicile, fille de Hieron.

CLEONIME.   Prince du Sang, & Prince d'Agrigente.

ARBAS.   Prince de Messine du sang des Roys de Sardagne.

SOSIBE.   Sardinien, confident d'Arbas.

STRATONICE.
POLICRITE.   Sœurs de la Reyne.

IVGVRTHE.   Roy de Numidie.

SIPHAX.   Prince de Numidie.

MASSINISSE.   Ambassadeur Affricain.

CRATES,   Medecin de la Reyne.

Troupe de Gardes de la Reyne.

Troupe de filles de la Reyne.

Troupe de Numidiens.

La Scene est dans Siracuse assiegee.

ANDROMIRE,
TRAGI-COMEDIE.

ACTE PREMIER.

CLEONIME, SIPHAX, STRATONICE, ARBAS, SOSIBE, ANDROMIRE, POLICRITE, Troupe des Filles de la Reine, Troupe de Gardes, MENANDRE, MASSINISSE.

SCENE PREMIERE.
ARBAS, POLICRITE, SOSIBE.

ARBAS.

MAIS vous accepteriez la main d'vn aduersaire!

POLICRITE.
Cette ciuilité ne m'est pas necessaire.

A

ANDROMIRE,

ARBAS.

Refuser ce deuoir, ha! c'est trop m'outrager.

POLICRITE.

Mais enfin c'est me plaire, & c'est vous soulager.

ARBAS.

Cette peine est fort douce, & m'a comblé de gloire.

POLICRITE.

I'en perds le souuenir, perdez-en la memoire.
Ne vous arrestez plus à ce foible deuoir,
La Reine est en estat que vous la pouuez voir,
C'est elle que l'on cherche, & non pas Policrite.

ARBAS.

Ie dois tout à son rang,

POLICRITE.

Et rien à mon merite.
C'est pourquoy, sans tarder dauantage en ce lieu,
Faites bien vostre court, & me laissez, adieu.

TRAGICOMEDIE.

SCENE II.
ARBAS, SOSIBE.
ARBAS.

O Reproche sensible, autant que raisonnable!
Ouy, mon erreur est grande, & n'est point pardonnable:
Ie t'ay fait un outrage aux yeux de cette Cour;
Mais quoy, l'ambition l'emporte sur l'Amour.
Ie t'aime, Policrite, encor plus que moy-mesme;
Mais i'aime plus que toy, l'esclat du Diadesme:
Le Sceptre a des appas qu'on ne peut desdaigner,
Et quand on les connoist, on fait tout pour regner.
La beauté de ta sœur ne me rend point volage;
Non, ie porte les yeux plus haut que son visage;
Sa Couronne est l'objet de mon affection;
Et pour elle l'amour n'est point ma passion.
Ie brûle, mais apprends & graue en ta memoire
Que ie brûle auiourd'huy du desir de la gloire,
Que pour le Trosne seul ie te quitte auiourd'huy,
Et qu'un cœur genereux doit tout quitter pour luy.
Tout autre sentiment mon esprit le rejette,
Ie resterois sujet, tu resterois sujette:

A ij

ANDROMIRE,

Et i'aurois la douleur de voir deuenir Roy
(Ha bons Dieux!) vn riual, vn subjet comme moy.
O Ciel, ô iuste Ciel, ce penser m'assassine!
Meure plustost cent fois le Prince de Messine,
Que de souffrir qu'vn autre obtienne cét honneur,
Aux despens de sa gloire, & de tout son bon-heur.
Ha, Sosibe! sans toy mon esperance est vaine:
Le Prince d'Agrigente est aimé de la Reine:
Oüy, l'heureux Cleonime en est favorisé:
Il est adoré d'elle, & i'en suis meprisé.
D'autre part, de Siphax la puissance m'estonne;
Entre ces deux riuaux, tout espoir m'abandonne:
L'vn est fort, l'autre heureux, Arbas infortuné,
Et par l'vn, ou par l'autre, il sera ruiné.
Sosibe, si l'amour du Païs t'accompagne,
Si tu fais cas du sang des Princes de Sardagne,
Si tu cheris Arbas, fais-luy voir auiourd'huy
Que ton puissant esprit veut s'employer pour luy.
Cher Sosibe, sans toy, sa perte est asseurée,
La Reine la medite, & le sort l'a iurée.
Si nous sommes vainqueurs, Cleonime l'aura;
Si nous sommes vaincus, Siphax triomphera;
Ainsi quelque party que la fortune prenne,
Ie n'en puis esperer que des effets de haine.
Ie verray la Couronne au front de mes riuaux,
Et ne cueilleray point le fruict de mes trauaux.
Si mon cœur perd le Throsne, il perd la chose aimée,
Et ce noble desir se reduit en fumée;

TRAGI-COMEDIE.

Ie resteray subjet, loin de deuenir Roy;
Et subjet d'vn Riual; Sosibe, pense à moy.

SOSIBE.

Seigneur, ie ne voy pas quel sujet vous fait plaindre:
A qui peut tout oser, que reste-t'il à craindre?
Vous pouuez, dés ce iour, voir la fin de vos maux:
Vous auez en vos mains la Reine & vos Riuaux.
Vous vous pleignez d'vn sort, dont vous estes l'ar-
   bitre;
Vn autre est General, mais il ne l'est qu'en titre:
Vos liberalitez ont des attraits si doux,
Que le cœur des soldats ne peut suiure que vous.
Vous estes adoré parmy les gens de guerre,
Et pouuez toute chose, & sur mer, & sur terre:
Chacun semble aspirer où vous-mesme aspirez;
Faites-vous donc heureux, si vous le desirez.

ARBAS.

O Dieux! par quel moyen?

SOSIBE.

            En doutez-vous encore?
En perdant qui vous nuit:

ARBAS.

            Mais ie me deshonnore,
Et l'ire de la Reine en croistra de moitié.

A iij

ANDROMIRE,
SOSIBE.

Vous cherchez sa Couronne, & non son amitié;
Et vous croyez à tort l'entreprise si noire :
Quiconque se fait Roy, ne le fait point sans gloire.
Bannissez le scrupule ; à cela prés, frappez ;
Les Trosnes les plus hauts, sont Trosnes usurpez :
Les Regnes la plus-part commencent par des crimes ;
Et le temps seul aprés fait les Rois legitimes.

ARBAS.

Mais ie perds ma vertu, si mon cœur suit ta voix.

SOSIBE.

La vertu populaire, est le vice des Rois.
Celle qui pour monter au Trosne hereditaire,
Osa pousser son char sur le corps de son Pere,
Enseigne aux genereux, que pour un si grand bien
On doit tout entreprendre, & n'aprehender rien.

ARBAS.

I'aprehende un mal-heur,

SOSIBE.

     Vous que ie croy si braue :

ARBAS.

I'aprehende, Sosibe,

TRAGI-COMEDIE.

SOSIBE.
    Et bien, restez esclaue;
Soyez, tousiours captif, portez vos fers en paix,
Mais oubliez le Sceptre, & n'y pensez iamais.

ARBAS.

Oüy, ie crains d'offenser cette adorable Reine,
Ie suis nay son subjet, elle est ma souueraine,
Et quelque aueuglement qu'apporte l'interest,
Ie voy ce que ie suis, ie connoy ce qu'elle est.

SOSIBE.

Mais connoissez aussi ce que vous pouuez estre,
Et l'inesgalité du seruiteur au Maistre:
Vous estes nay sujet, vous pouuez estre Roy;
Ha! pour vn si grand bien, faites tout, croyez-moy.

ARBAS.

Ie brûle d'arriuer au Trosne de Sicile,
Mais taschons d'y monter par vn chemin facile,
Ne nous engageons point en ces extrémitez.

SOSIBE.

Le milieu ne vaut rien pour ce que vous tentez.
Non, Seigneur, mes conseils sont iustes & fidelles;
Mesprisez donc les loix, pour estre au dessus d'elles:

ANDROMIRE,

S'il est iamais permis de nous en esloigner,
Il faut, Seigneur, il faut que ce soit pour regner.

ARBAS.

Au lieu de me seruir, ta prudence me blesse:
Mesure ton remede auecques ma foiblesse;
Et ne viens plus m'offrir ce que i'ay refusé.

SOSIBE.

Prenez donc vn sentier moins seur & plus aisé,
Puisque dans vostre esprit, la prudence est vn crime.
Vous sçauez que Siphax fut pris par Cleonime,
Cependant par son ordre, au lieu d'estre arresté,
Ce Prince est au Palais en toute liberté;
Ie ne le cele point, ce procedé m'estonne:
Vn Riual si courtois fait que ie le soupçonne:
Sa generosité veut le vaincre deux fois,
Afin de l'esloigner du Trosne de nos Rois.
Et c'est pourquoy le Prince auec beaucoup d'adresse
Solicite la Reine, ou plustost il la presse
De deliurer Siphax auec peu de raison,
Luy qui deuroit plustost resserrer sa prison.
Mais ce projet est fin autant qu'il est blasmable,
Il esloigne vn Riual, parce qu'il est aimable;
Il craint que son sejour n'augmente son soucy,
Et c'est pourquoy sans doute il veut l'oster d'icy.
Mais moy i'ay remarqué, contre toute apparence,
Que Siphax pour la Reine a de l'indifference;

Et

TRAGICOMEDIE.

Et que n'estant venu que par l'ambition,
L'objet n'a point fait naistre vne autre passion.

ARBAS.

Ainsi donc la raison veut que ma peur finisse.

SOSIBE.

De plus, i'ay descouuert qu'il aime Stratonice,
Et qu'il en est aimé:

ARBAS.

Qu'importe pour mon bien?

SOSIBE.

C'est que vostre Riual ne sera plus le sien:
De sorte que ie voy par sa forme de viure,
Que vous estes perdu, s'il faut qu'on le deliure:
Car il peut obliger Iugurthe à son retour;
Donner pour sa rançon l'objet de vostre amour;
Et la force à la main, destruisant vostre attente,
Faire espouser la Reine au Prince d'Agrigente;
Mais la voicy venir, Seigneur n'oubliez pas
Que cette liberté vous cause le trespas.

ANDROMIRE,

SCENE III.

MENANDRE, ANDROMIRE, STRA-
TONICE, POLICRITE, CLEONIME,
ARBAS, SOSIBE, Troupe des Filles de la Rei-
ne, Troupe de Gardes.

MENANDRE.

L'*Ambassadeur Numide est icy pour attendre*
L'honneur de vous parler;

ANDROMIRE.

Qu'il entre, il faut l'entendre.

SCENE IV.

MASSINISSE, MENANDRE, ANDROMIRE, STRATONICE, POLICRITE, CLEONIME, ARBAS, SOSIBE, Troupe des Filles de la Reine, Troupe de Gardes.

MASSINISSE.

Madame, me voicy pour la derniere fois,
Par le commandement du plus iuste des Rois.
Que vostre Maiesté s'il luy plaist, considere
Que le feu Roy Hieron, son inuincible Pere,
Promit au Roy mon Maistre, en luy parlant de vous,
Que le Prince Siphax deuiendroit vostre Espoux,
Et qu'on verroit vostre Isle, & la terre Affricaine,
N'estre plus qu'un Royaume, & n'auoir qu'vne Reine.
Mesme chacun a sceu, que ce Prince à sa mort
Vous ordonna tousiours d'obseruer cét accort;
Et qu'il vous dit tousiours, pendant sa maladie,
Que vous seriez vn iour Reine de Numidie,
Le genereux Siphax en estant successeur.
Depuis le Roy mon Maistre agissant par douceur,

Vous conjura cent fois d'obseruer la promesse
Faite aux yeux de l'Affrique & de toute la Grece.
Mais soit que vostre esprit eust quelque auersion
Pour le Prince Siphax, ou pour sa Nation;
Soit qu'vn mauuais conseil vous rendist difficile;
Tous nos Ambassadeurs sortirent de Sicile
Assez mal satisfaits; & vostre Maiesté
Leur tesmoigna tousiours quelque animosité.
L'inuincible Iugurthe, aprés vn tel outrage,
Qui fait tort à son Sceptre, autant qu'à son courage,
Mal-gré luy, contre vous, arma, vint en ces bords;
Et par son bras puissant, s'ouurit bien tost vos ports.
Or par l'euenement, chacun a pû connoistre
Si l'equité preside au conseil de mon Maistre;
Car de tout vostre Estat, vous n'auez auiourd'huy
Que ces murs esbranlez, & si pressez par luy.
Mais parmy ce triomphe, vn Monarque inuincible,
Plus sensible à vos maux, que vous n'estes sensible,
Oppose à son pouuoir, sa douceur, sa pitié,
Et vous offre, Madame, encor son amitié.
Mais si vostre mal-heur vous rend inexorable,
Et vous fait mespriser vn bien incomparable,
En refusant ce poinct, accordez le dernier,
Et mettez à rançon le Prince prisonnier.
Il vous offre pour luy, captifs, argent, Prouinces;
Six de vos Gouuerneurs, & quatre de vos Princes.
Madame, en peu de mots, voila l'ordre que i'ay;
Donnez-moy, s'il vous plaist, ma responce, & congé.

TRAGI-COMEDIE.

ANDROMIRE.

Vostre Prince est iniuste, autant qu'on le peut estre,
De me donner des loix, luy qui n'est point mon Maistre,
Et de vouloir regner sur vn cœur glorieux,
Qui ne doit & ne peut s'assujettir qu'aux Dieux.
Ie nasquis dans vn Throsne, où i'estois destinée:
Et cette liberté que le Ciel m'a donnée,
Plus chere que mon Sceptre, & qui vaut plus que luy,
Estant le seul tresor qui me reste auiourd'huy;
Que Iugurthe s'asseure, en son iniuste enuie,
Que sa perte suiura la perte de ma vie;
Que ie veux mourir libre, & qu'vn iniuste choix
N'offensera iamais la maiesté des Rois.
Mon Pere (dites-vous) engagea sa promesse,
Aux yeux de vostre Affrique, aux yeux de nostre
  Grece:
Ie l'aduouë, il est vray; mais ce fut en prison,
Contre le droict des gens, & contre la raison.
Perdit-il la bataille, ou sur mer, ou sur terre?
Fut-il fait prisonnier dans vne iuste guerre?
Certes, s'il est ainsi, ie dois sans contester,
Deuenir la rançon qui le pût racheter.
Mais tout l'Vniuers sçait, que cét Illustre Prince,
Au milieu de la paix, fut pris dans sa Prouince,
Et qu'estant à la pesche, vn Pirate sans foy,
L'enleuant de nos bords, le mit chez vostre Roy.

B iij

ANDROMIRE,

Vous qui vistes tomber cét Illustre Monarque,
(O triste souuenir!) sous les mains de la Parque,
Dites s'il m'ordonna d'estre à ses ennemis,
Afin que nous payons ce qu'il auoit promis.
Il n'en parla iamais ; & ce Prince inuincible
Qui soubçonnoit Iugurthe, estant assez sensible,
Si la Parque, ô mal-heur! n'eust fait agir ses coups,
Auroit porté chez luy, ce qu'il porte chez nous:
Ie veux dire la guerre, & la perte publique,
Et par luy la Sicile auroit dompté l'Affrique.
Quelle erreur auez-vous, & quels faux sentimens?
Iuger de l'equité, par les euenemens!
Et qui ne connoist pas, qu'aux choses de la guerre,
Le sort imperieux est maistre de la terre?
Que la Fortune aueugle, est tousiours aux combats,
Et qu'elle y conduit tout, elle qui ne void pas?
Oüy, Iugurthe est vainqueur ; mais comment? par sa
  ruse :
Oüy, oüy, tout mon Estat consiste en Siracuse;
Mais cette seule Ville a tant de braues gens,
Que leurs bras estans ioints à mes soins diligens,
I'espere repousser iusqu'aux murs de Carthage,
Ceux de qui la surprise a fait tout l'auantage.
Et puis, quand par l'arrest, & des Dieux, & du sort,
Ie verrois en balance, ou la honte, ou la mort,
Tombe, tombe mon Throsne, auec mon Diadéme;
Que ie perde le Sceptre, en me perdant moy-mesme;
Que ie mesle ma pourpre à celle de mon sang,

TRAGI-COMEDIE.

Plustost que faire rien indigne de mon rang:
Que l'Vniuers m'accuse, ou me pleigne, ou m'admire;
Voila les sentimens de la Reine Andromire,
Dites-les à Iugurthe: & pour ce prisonnier,
Qui dans vostre discours a paru le dernier,
Bien que sur sa valeur tout vostre espoir se fonde;
Donnez-nous vn moment auant qu'on vous responde.

MASSINISSE.

Il est iuste, Madame.

SCENE V.

ANDROMIRE, STRATONICE, POLICRITE, CLEONIME, ARBAS, MENANDRE, SOSIBE, Troupe de Gardes, Troupe des Filles de la Reine.

ANDROMIRE.

Vous qui dans l'Estat
Tenez le second rang, & le second esclat;
De la haute Vertu vrais & parfaits modeles,
Mes sœurs, assistez-moy de vos conseils fideles.

ANDROMIRE,

STRATONICE.

Vostre diuin esprit, en ces obscuritez,
Se conduira bien mieux par ses propres clartez.

POLICRITE.

Et ces Princes instruits aux choses Militaires,
Donneront mieux que nous des conseils salutaires.

ANDROMIRE.

Parlez donc, Cleonime, & pour nostre interest,
Et pour le vostre encor:

CLEONIME.

      Ie veux ce qu'il vous plaist.
Pour faire vne action d'eternelle memoire,
Et porter iusqu'au Ciel l'esclat de vostre gloire,
Rendez ce prisonnier, Madame, & sans rançon:
Ie sçay que ce conseil peut donner du soubçon;
Mais considerez bien l'estat de la Prouince:
Si vous le retenez, vous irritez vn Prince,
Qui pour le retirer fera tous ses efforts,
Auant que le secours puisse estre sur nos bords.
Que si vous acceptez les places qu'il veut rendre,
C'est prendre seulement ce qui vous fera prendre:
Oüy, ce Prince est adroit, car ne voyez-vous pas
Qu'il separe par là vos chefs & vos soldats?

Et

TRAGI-COMEDIE.

Et que cét Affricain abat par cette ruſe
Les plus fermes ramparts qui couurent Siracuſe.
Oüy, voſtre Majeſté peut aisément iuger,
Que retenir Siphax, c'eſt ſe mettre en danger;
Qu'accepter ſa rançon, c'eſt affoiblir ſa force;
Que l'offre qu'on en fait, n'eſt qu'vne belle amorce;
Et qu'il eſt à propos en cette extremité,
De vaincre l'ennemy par generoſité.
Tout autre ſentiment me ſemble trop timide;
Enfin, ſi l'on m'en croid, l'on rendra ce Numide.

ARBAS.

Il eſt beau d'eſtre braue, & d'eſtre liberal;
Mais ſi i'oſe parler contre mon General,
Ie diray librement, qu'vne faueur guerriere
Eſt bonne à rompre en lice, en combats de barriere;
Qu'en ces occaſions il peut eſtre permis
De vaincre & d'obliger ſes plus grands ennemis:
Mais icy que chacun void le peril extréme,
Qu'il s'agit du Royaume, & de la Reine meſme;
Que l'vn & l'autre enfin ſe trouuent en danger;
C'eſt eſtre criminel, que de les obliger.
Il faut rendre Siphax (s'il ſort de cette terre)
La cauſe de la paix, ainſi que de la guerre:
Et pour le deliurer de ſa captiuité,
Il faut que ſa rançon ſoit noſtre liberté.
Iugurthe nous menace, & ſa menace eſt vaine:
Tant qu'on verra Siphax dans les mains de la Reine,

C

ANDROMIRE,

Sans doute l'Affricain n'osera rien tenter,
Sçachant qu'à Siracuse on le peut maltraiter.
La crainte desormais doit estre enseuelie;
Rome s'arme pour nous, & toute l'Italie:
Au Cap de Lilibée on les verra dans peu,
Presenter à Iugurthe, & le fer, & le feu:
La Corsegue pour nous se va mettre en campagne;
On va ioindre sa flote à celle de Sardaigne;
Tout le Peloponese est en armes pour nous,
Et l'effet est certain, comme l'espoir est doux.
Il ne faut seulement, pour sortir de ces peines,
Qu'amuser l'ennemy par des promesses vaines;
Ne le combattre point, & tirer en longueur.

CLEONIME.

Oüy certes, ce conseil est digne d'vn grand cœur:

ARBAS.

Il est tel qu'il doit estre, il est seur & facile.

CLEONIME.

Il est fort glorieux aux armes de Sicile.

ARBAS.

La gloire d'vn peril, n'est que d'en eschaper:

CLEONIME.

Elle consiste à vaincre, & non pas à tromper.

TRAGI-COMEDIE.
ARBAS.

Il n'importe comment l'on obtient la victoire:

CLEONIME.

Non, si l'on veut confondre, & la honte, & la gloire.

ARBAS.

Enfin c'est vostre aduis, & ce n'est pas le mien;
Mais i'en connois la cause, & chacun la sçait bien.

CLEONIME.

Ce discours est obscur, & l'offence est publique;
Mais ce n'est pas icy qu'il faut qu'on me l'explique.

ANDROMIRE.

Vous perdez le respect, mais apprenez de moy,
Que tout Prince du sang peut estre vostre Roy:
Il a plus d'interest à mon Sceptre qu'vn autre;
Car il peut estre sien, & ne peut estre vostre.

ARBAS

Madame,

ANDROMIRE.

C'est assez, vous auez trop d'ardeur;
Qu'on face entrer le Prince, & cét Ambassadeur.
Ie sçay bien discerner vn conseil legitime;
Et ie suiuray tousiours celuy de Cleonime.

C ij

SCENE VI.

ANDROMIRE, STRATONICE, PO-
LICRITE, CLEONIME, ARBAS,
SOSIBE, MENANDRE, Troupe de Gardes, MASSINISSE, SIPHAX, Troupe
des Filles de la Reine.

ANDROMIRE.

Dites à vostre Maistre, au sortir de ces lieux,
Que sçachant que les Rois sont l'image des Dieux,
J'imite leurs bontez; & qu' Andromire oblige,
Et celuy qui l'outrage, & celuy qui l'afflige;
Et pour le surmonter d'vne & d'autre façon,
Que ie luy rends le Prince, & mesme sans rançon.
Que par la liberté que ie veux qu'il obtienne,
Il n'entreprenne plus de contraindre la mienne:
Et que luy voulant rendre vn Mars dans les combats,
Ie luy fais assez voir que ie ne le crains pas.
Pour vous, braue Siphax, mon ame est affligée,
De ce qu'en l'embarras d'vne Ville assiegée,

TRAGI-COMEDIE.

Ie n'ay pû faire agir cette ciuilité
Que l'on doit aux Vertus, comme à la qualité.
Mais vous excuserez, ô Prince que i'admire,
Ce que la guerre a fait, & non pas Andromire:
Et si le sort vn iour (comme il est inconstant)
Aprés vostre prison, nous en prepare autant,
Songez (pour égaler vos Destins & les nostres)
En nous donnant des fers, que nous rompons les vo-
 stres.

SIPHAX.

I'engage ma parole à vostre Majesté,
De n'oublier iamais ce que fait sa bonté.

ANDROMIRE.

Allez accompagner ce Prince magnanime
Iusqu'au pied des ramparts; vous, suiuez Cleonime.

SCENE VII.

ANDROMIRE, STRATONICE, PO-
LICRITE, Troupe des Filles de la Reine,
Troupe de Gardes.

ANDROMIRE.

Avez-vous remarqué l'insolence d'Arbas?
S'il veut aller trop haut, ie le mettray si bas,
Que par son chastiment, tout autre temeraire
Apprendra desormais à ne me pas desplaire.
Voyez où maintenant son orgueil est monté!
Mais quoy, i'ay fait son crime, il vient de ma bonté:
Il ose entretenir vne flame indiscrette;
Elle dure, elle esclate, elle n'est plus secrette;
Il fait le languissant, le triste, le ialoux;
Et sa temerité s'ose adresser à nous:
L'interest de l'Estat n'est pas ce qui l'anime:
Il hait également Siphax & Cleonime:
L'aigreur de ses discours nous le fait assez voir;
Mais ie sçauray le mettre aux termes du deuoir.

TRAGI-COMEDIE.
POLICRITE.

Esleuer ses desirs au Throsne de sa Reine!
Son insolente amour merite vostre haine:
Oüy, Madame, elle est iuste, & vostre auersion
Ne peut assez punir cette presomption.
Le superbe qu'il est, aspire à la Couronne:
C'est elle qu'il regarde, & non vostre personne:
Et cherissant le Sceptre à l'égal de vos yeux,
Il est bien moins amant, qu'il n'est ambitieux.
Mais pourtant son salut n'est pas sans apparence:
Mesprisez-le tousiours, ostez-luy l'esperance,
Priuez-le de l'honneur de vostre souuenir,
Et vous le rendrez sage en le daignant punir.
En souffrant son audace ou la cause en partie.

SCENE VIII.

CLEONIME, ARBAS, SOSIBE, STRA-
TONICE, MENANDRE, POLICRITE,
ANDROMIRE, Troupe des Filles de la Rei-
ne, Troupe de Gardes.

CLEONIME.

Madame, treuuez bon qu'on face vne sortie:
Auiourd'huy l'ennemy dans ses contentemens

M'a paru negligent en ses retranchemens:
Souffrez donc, s'il vous plaist, qu'auecques deux mille hommes,
I'aille voir ce qu'il fait, & montrer qui nous sommes.

ANDROMIRE.

Ie ne m'oppose point à ce nouuel esclat:
Mais songez que vos iours sont les iours de l'Estat:
Et qu'enfin vostre vie est l'appuy de la mienne.

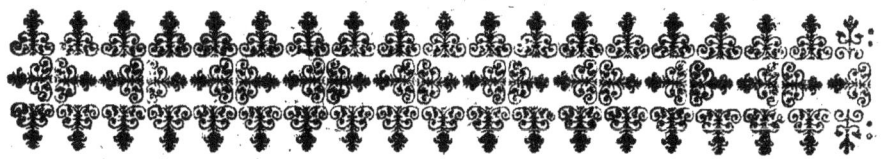

SCENE IX.

CLEONIME, ARBAS, SOSIBE, MENANDRE.

CLEONIME.

Que la Phalange Grecque, & la Sicilienne,
Se rendent à la place où ie vay de ce pas:
Vous, pour me soustenir, prenez vos gens, Arbas:
Menandre, commandez au ieune Phocilide
Qu'il face bonne garde à la porte d'Elide;
Que Thimocles ait soin de border nos ramparts;
Et que Leontidas ait l'œil de toutes parts:
Qu'on ne s'esbranle point à de fauces allarmes;
Et que pendant ce temps chacun soit sous les armes.

SCENE X.
ARBAS, SOSIBE.

ARBAS.

O Pitoyable estat, où le sort me reduit!
Sosibe tout me perd, Sosibe tout me nuit:
La Reine me mal-traite, un insolent m'outrage,
Et ie vay pour sa gloire employer mon courage.
O Ciel! il le faut suiure, & combatre auiourd'huy,
Non pas contre Siphax, mais contre nous, pour luy.
Tu l'as veu, mon adresse est inutile & vaine:
Il peut tout ce qu'il veut sur l'esprit de la Reine:
Elle m'a dit des mots qui m'ont assassiné,
Et qui me font bien voir qu'il sera couronné.
Ie le voy, ie le voy tout esclatant de gloire:
Et de ces tristes mots ie garde la memoire.
Vous perdez le respect (dit-elle) deuant moy;
Mais tout Prince du sang peut estre vostre Roy;
Il a plus d'interest en mon Sceptre qu'un autre;
Car il peut estre sien, & ne peut estre vostre.
Il ne peut estre nostre! & le sçauez-vous bien?
Sçauez vous qu'on peut tout, alors qu'on ne craint rien?

Que ie sçay resister à quiconque me braue,
Et que le cœur d'Arbas n'est pas vn cœur d'esclaue?
Ha, son discours m'outrage autant qu'il m'a surpris!
Car de l'indifference, elle passe au mespris.
Vous, suiuez Cleonime : ô Reine imperieuse,
Parole insupportable, autant qu'iniurieuse!
Vous, suiuez Cleonime : ô traitement abjet!
Quoy, suis-ie son esclaue, ou desia son sujet?
Vous, suiuez Cleonime : ha oüy, ie le veux suiure;
Mais sçauez-vous pourquoy ? pour l'empescher de
   viure;
Pour mettre la Couronne & le Sceptre entre nous,
Afin de triompher, de luy, d'eux, & de vous.
N'as-tu point remarqué l'amour & la tendresse
Que cét heureux Amant reçoit de sa Maistresse?
Ie ne m'oppose point (dit-elle) à cét esclat;
Mais songez que vos iours sont les iours de l'Estat,
Et qu'enfin vostre vie est l'appuy de la mienne.
Mais sçachez que ces mots sont la fin de la sienne :
Oüy, oüy, superbe Reine, & dans ce mesme iour
On verra triompher, ou la Mort, ou l'Amour.
Bruslez, bruslez, tousiours d'vne flame indiscrete;
Car vostre cœur n'est pas ce que le mien regrete :
Ie ne suis point Amant, ie suis ambitieux;
I'en veux à vostre Sceptre, & non pas à vos yeux :
Et mon bras, quoy qu'on die, & mon bras, quoy qu'on
Renuersera le Throsne, ou ce sera ma place. (face,
Puis qu'il a des degrez, Arbas y peut monter;

TRAGI-COMEDIE.

I'ay beaucoup d'ennemis, mais il les faut dompter:
Sosibe, assiste-moy; pense, agis, imagine;
Auance mon bon-heur, ou haste ma ruine;
Ne crains plus ma foiblesse, & sçaches que mon bras
Est prest d'executer ce que tu resoudras.

SOSIBE.

O la noble colere! & qu'elle est genereuse!
Par elle nous rendrons vostre fortune heureuse:
Non, tout n'est pas destruit; & ie forme vn dessain
Qui vous met auiourd'huy le Sceptre dans la main:
Mais sans nous amuser à d'inutiles larmes,
Auançons-nous tousiours deuers la Place d'armes:
Vous sçaurez en marchant le projet que ie fais;
Et s'il ne reüssit, ne me croyez iamais.

ARBAS.

Allons, pour contenter vne si noble enuie;
Hazarde tout mon bien, mon honneur, & ma vie:
Mon sort est dans tes mains; & mon cœur se resout
A mourir, ou regner; à n'estre rien, ou tout.

Fin du premier Acte.

ACTE II.

ANDROMIRE, STRATONICE, POLICRITE, Troupe des Filles de la Reine, MENANDRE, ARBAS, SOSIBE, Troupe de Gardes, IVGVRTHE, SIPHAX, CLEONIME, MASSINISSE, Troupe de Numidiens.

SCENE PREMIERE.

ANDROMIRE, STRATONICE, POLICRITE, MENANDRE, Troupe de Gardes, Troupe des Filles de la Reine.

ANDROMIRE.

L est vray, la sortie est cause de ma peine:
Ie sçay que la fortune a pour moy de la haine:
Ie dois tout craindre d'elle, & mes malheurs passez,
Pour le temps à venir, me l'enseignent assez.

TRAGI-COMEDIE.

L'on void en ce combat, Cleonime en personne,
C'est à dire, on y void, & nous, & la Couronne:
Car enfin nostre sort dépend de sa valeur,
Et sa perte seroit nostre dernier mal-heur.
Oüy, ie le dis encor, en dépit de l'enuie;
Le sort de Siracuse est conioint à sa vie:
Oüy, sa perte nous pert, sa fin nous fait finir;
Luy seul defend le Sceptre, & le peut soustenir;
Et si nous le perdons (ô grandeurs mensongeres!)
Il passera sans doute en des mains estrangeres.
Aprés, que d'attentats & de mauuais desseins!
Car tous nos ennemis ne sont pas Affricains.
O fascheux souuenir! cruelle inquietude!
Menandre, tire-moy de cette incertitude;
Va-t'en sçauoir au vray ce qu'il a reüssi
De ce dernier combat; vois Cleonime aussi:
I'entre en mon cabinet, où ie m'en vay t'attendre;
Prens pitié de mes maux; va, mais reuiens, Menan-
    dre.

SCENE II.
SOSIBE, ARBAS.

SOSIBE.

Ay-ie tenu parole, ô Prince genereux?
Et si vous le voulez, n'estes-vous pas heureux?

ARBAS.

Ie le voy, ie le suis, & par ta seule adresse:
Mais, Sosibe, un remors me trauaille & me presse:
Le Throsne m'est acquis, mon sort n'est plus douteux;
Mais i'y monte à regret, par un sentier honteux.

SOSIBE.

Non, bannissez, Seigneur, cette iniuste tristesse:
Nous auons fait la chose auec trop de iustesse:
Luy-mesme s'est perdu, s'estant trop auancé;
Et l'on n'est pas tenu de suiure un insensé.
Il s'est enuelopé d'une ardeur indiscrete:
Vos gens auec raison ont fait cette retraite:
Considerez, Seigneur, le pouuoir de vostre or;
Et par ce qu'ils ont fait, ce qu'ils feront encor.
Enfin vostre grand cœur aura ce qu'il merite.

ARBAS.

O Ciel! que ferons-nous, i'aperçoy Policrite.

TRAGI-COMEDIE.

SCENE III.
POLICRITE, ARBAS, SOSIBE.

POLICRITE.

Et Dieux, sans Cleonime on vous void de retour!

ARBAS.
On l'a fait prisonnier de guerre,

POLICRITE.

       Et vous d'amour.
Triomphez, triomphez, Amant heureux & braue;
Soyez perfide & maistre, & vainqueur cōme esclaue,
Le Sceptre vous attend, vous l'auez merité,
Ainsi que par amour, par generosité.
Ouy, ouy, cette action vous va combler de gloire;
Ouy, ouy, c'est en fuyant, qu'on trouue la victoire;
Laisser son General aux mains des ennemis,
Est vn acte ordinaire, honnorable, & permis!
O Prince sans honneur, ainsi que sans constance!
O Prince sans parole, ainsi que sans prudence!
Aprés vne action tant indigne de toy,
Crois-tu te rendre heureux, mesme en te faisant Roy?

Crois-tu que la Couronne ait des douceurs diuines?
Et que ses belles fleurs, soient des fleurs sans espines?
Sçais-tu que le mal-heur accompagne l'orgueil?
Et que de l'or d'vn Throsne, on peut faire vn cer-
 cueil?
Si tu ne le sçais point, ame ingrate & legere,
Ame toute perfide & toute mensongere;
Puisse le iuste Ciel te l'apprendre auiourd'huy;
Puisse vn Peuple en fureur t'accabler dessous luy;
Puisse-t'il t'arracher la Couronne vsurpée,
Et te percer le cœur auec ta propre espée.
Puisse porter Hymen vn funeste flambeau,
Et pour lict, & pour Throsne, aprester vn tombeau.
Mais Dieux! n'escoutez point vne si iuste enuie;
Car ie pousse des vœux qui vont contre ma vie:
Qu'il viue repentant; ou s'il ne le veut pas,
Qu'il viue criminel:

SOSIBE.

Esuitez ses appas.

ARBAS.

Ha, vous m'assassinez, aimable Policrite!
Ie connoy mon erreur, ie voy vostre merite:
L'vne & l'autre en mon cœur agit également,
Et mal-gré mon orgueil, ie suis tousiours Amant.
Mais mal-gré mon amour, mon ame est genereuse:
Ie fuy la scruitude, elle est trop mal-heureuse:

Ie

TRAGI-COMEDIE.

Ie ne la puis souffrir, ie veux m'en esloigner;
Ie voudrois estre à vous, mais ie voudrois regner.

POLICRITE.

Tu veux regner volage? & ton ame abandonne
Le repos pour le trouble, & moy pour la Couronne!

ARBAS.

Que ne la portez-vous!

POLICRITE.

Mais pourquoy la veux-tu?

ARBAS.

Elle est belle à mes yeux;

POLICRITE.

Plus belle est la Vertu.
Songe, songe à l'honneur,

ARBAS.

Il regne dans mon ame.

POLICRITE.

Pense, pense à l'amour;

ARBAS.

I'en conserue la flame.

E

ANDROMIRE,
POLICRITE.
Toy, tu n'aimas iamais.

ARBAS.
O trop ferme amitié!

SOSIBE.
Seigneur, vous succombez sous la lasche pitié.

POLICRITE.
O l'imparfaite amour, qui ressemble à la haine!

SOSIBE.
Madame, il doit aller rendre compte à la Reine,
D'vn mal-heur arriué, dont il n'est pas l'autheur.

ARBAS.
Iuste Ciel!

SOSIBE.
Entrez donc;

SCENE IV.
POLICRITE.

Va, va, suis vn flateur;
Toy qui cherches ta perte, & que la raison blesse;
Et qui ioints tant d'orgueil, auec tant de foiblesse.
Mais i'en ay plus que toy, puis qu'aprés tes mespris,
Ie ne retire point vn cœur que tu m'as pris.
Ie ne sçay quel Demon troublant ma fantaisie,
Me dit qu'il reuiendra de cette frenesie;
Qu'il n'est point inconstant, n'aimant que la grādeur;
Que le temps esteindra cette premiere ardeur;
Et qu'enfin la raison restablira son Regne.
Mais Dieux! cette raison m'ordonne que ie craigne:
En l'estat où ie suis, comme en l'estat qu'il est,
Ie n'ay plus de pouuoir, il peut ce qui luy plaist;
C'est vn penser flateur, qui n'a point d'apparence,
Et la crainte est plus iuste en moy que l'esperance.
Qu'on tire ces rideaux, afin qu'il soit permis
De voir d'icy tantost le camp des ennemis:
Car sans doute la Reine, aprés cette nouuelle,
Y viendra pour pleurer, & nous aussi bien qu'elle.
Et de ce costé-là nous sommes si pressez,
Que l'ennemy se loge au bord de nos fossez:

E ij

ANDRIOMIRE,
Nous entendons les voix des Troupes menaçantes,
Et les traits de nos murs volent iusqu'à leurs Tentes.

❦❦❦❦❦❦❦❦❦❦❦❦

SCENE V.

IVGVRTHE, SIPHAX, MASSINISSE,
Troupe de Numidiens.

IVGVRTHE.

Q*V'on ne m'en parle plus; car ie n'en feray rien.*

SIPHAX.

Que voſtre Majeſté, Seigneur, y penſe bien.

IVGVRTHE.

Non, ie ne perdray point le fruict de ma victoire.

SIPHAX.

Mais, Seigneur, voulez-vous que ie perde ma gloire?
Ce n'eſt pas ſans raiſon que ie ſuis affligé;
Vous ſçauez à quel poinct ie me trouue obligé;
Cleonime au combat me conſerua la vie,
Et luy-meſme me rend ma liberté rauie;
Car i'ay ſceu que luy ſeul a rompu ma priſon:
Iugez, aprés cela, ſi ie n'ay pas raiſon?
Aprés auoir receu cette faueur inſigne,
Si ie n'en vſe bien, Siphax en eſt indigne:

TRAGI-COMEDIE.

Et s'il ne reconnoist un traitement si doux,
Il l'est encore plus, d'estre estimé de vous.
Quoy, vostre ame si noble, & si haute, & si belle,
Veut-elle voir en moy, ce qu'elle évite en elle?
Veut-elle que Siphax soit un lasche, un ingrat,
Et qu'il se deshonnore, aussi bien que l'Estat?
Seigneur, c'est offenser vostre extréme merite:
Ie dois ma liberté, souffrez que ie m'acquitte;
Et si cette rançon est trop grande pour moy,
Sans perdre le respect que l'on doit à son Roy,
Siphax vous prie au moins, s'il faut qu'on le refuse,
Que vous luy permettiez qu'il rentre à Siracuse:
Car s'il en doit sortir, par une lascheté,
Il prefere ses fers à cette liberté.

IVGVRTHE.

Ie ne hay pas en vous cette ardeur heroïque;
Mais ie ne me sers point de vostre Politique.
Si nous auons le bien de vous voir en ces lieux,
C'est que nos ennemis ne pouuoient faire mieux.
Vous ne penetrez pas à trauers cette feinte:
Leur generosité procede de leur crainte:
Ils font les genereux, pour ne rien hasarder;
Et nous rendent un bien qu'ils ne pouuoient garder.
Mais loin de leur foiblesse, ainsi que de leurs crimes,
Iugurthe ne doit pas agir par leurs maximes;
Cét exemple est mauuais, leur sort n'est pas le mien;
Car eux, ils craignent tout, & moy ie ne crains rien.

E iij

ANDROMIRE,
SIPHAX.

Dieux! où sont les effets de vos bontez si rares?
Vous sçauez que les Grecs nous appellent barbares;
Voulez-vous confirmer, par vostre passion,
Les sentimens qu'ils ont de nostre Nation?

IVGVRTHE.

En l'estat où ie suis, que ie les doy peu craindre!

SIPHAX.

Plus ils ont de foiblesse, & plus ils sont à pleindre.

IVGVRTHE.

I'ay prononcé l'arrest, en vain vous disputez.

SIPHAX.

I'en appelle, Seigneur ; mais c'est à vos bontez.
Oüy, oüy, i'ose appeller dans ma douleur extréme,
De l'ire, à la clemence, & de vous, à vous-mesme.

IVGVRTHE.

Ne vous consumez point en desirs superflus.

SIPHAX.

Quoy, ie n'obtiendray rien?

IVGVRTHE.

     Non, ne m'en parlez plus.

TRAGI-COMEDIE.

SIPHAX.

La douleur me transporte, & le respect me lie!

IVGVRTHE.

On nous menace fort du costé d'Italie :
Mais mal-gré ce secours, dont ie suis aduerty,
Ie tiens que la victoire est de nostre party.
L'assiette de mon Camp est fort auantageuse;
La riuiere en rendroit l'attaque dangereuse;
Et ce poste esleué, que nous faisons garder,
Ne luy permettra rien que de nous regarder.
Nostre seconde Ligne est desia commencée ;
Et nous auons posé nostre garde auancée :
Nos redoutes, nos forts, & nos retranchemens,
Par la Caualerie, & par nos Regimens,
Sont si bien defendus, qu'on ne les peut abatre,
Et si l'ennemy vient, c'est pour se faire batre :
Ce glorieux espoir ne me trompera pas.
Nous pouuons cependant mettre les armes bas:
Mais allons reconnoistre, auant que ie m'en aille,
Où nous deuons choisir nostre Champ de bataille;
Afin qu'en cas d'alarme, on s'y rende la nuict,
Les armes à la main, sans desordre, & sans bruit.

SIPHAX.

Ha, Seigneur ! est-ce en vain que i'implore vne grace ?

IVGVRTHE.

De l'importunité, vous passez à l'audace;
Mais puisque vostre esprit ne la sçauroit cacher,
Ie vous quitte, Siphax, de peur de me fascher.

SCENE VI.
SIPHAX.

INfortuné Siphax, de plaisir incapable,
Faut-il estre innocent, & paroistre coupable?
Faut-il paroistre ingrat, & lasche desormais,
Toy qui ne l'as esté, ny le seras iamais?
Ha, non, non, suy plustost ta genereuse enuie;
Souuiens-toy que tu dois ta franchise & ta vie:
Deliure Cleonime, & sans plus disputer,
Hasarde toute chose, afin de t'acquitter.
Que tu sois mal traité, que ta faueur expire;
Il y va de l'honneur, qui vaut plus qu'vn Empire;
Il y va de l'honneur, qu'on prefere à son Roy:
Fais pour ce prisonnier ce qu'il a fait pour toy:
Ton pouuoir dans le Camp te le pourra permettre;
Songes-y donc, Siphax; mais ie le voy paroistre.

TRAGI-COMEDIE.

SCENE VII.

SIPHAX, CLEONIME, Troupe de Numidiens.

SIPHAX.

Qvoy, braue Cleonime, vne heure de prison,
En vous, dont le courage est sans comparaison,
Peut-elle auoir causé cette morne tristesse?
Pourquoy receuez-vous cette importune hostesse?
Pourquoy succombez-vous sous vn si foible effort?
Me croyez-vous ingrat? me faites-vous ce tort?
Non, ie vous feray voir, bien qu'il soit difficile,
Que la ciuilité n'est pas toute en Sicile;
Qu'vn Barbare, & qu'vn Grec, ont mesme sentiment;
Et qu'enfin la Vertu leur plaist également.

CLEONIME.

Genereux ennemy, ie serois trop coupable,
Si de ce sentiment, mon ame estoit capable:
Et ie serois trop foible en ce coup de mal-heur,
Si rien que ma prison ne causoit ma douleur.
Ie sçay, braue Siphax, le dessain qui vous meine;
Ie sçay que vous cherchez, & le Sceptre, & la Reine;

F

Mais bien que ie le sçache, & que ie sois icy,
Ie vous dis franchement, que i'y pretens aussi.
Mais ma pretention, aussi peu que la vostre,
Ne sçauroit empescher le triomphe d'vn autre :
Et si ma prison dure, il est certain qu'Arbas
Obtiendra sans combat le prix de nos combats.
Oüy, cét ambitieux, que la Reine deteste,
Destruira vos dessains, & me sera funeste :
Et pour se preualoir de mon esloignement,
Il perdra le respect, comme le iugement ;
Il contraindra la Reine, encor qu'elle refuse ;
Car cét ambitieux peut tout dans Siracuse.
Mesme auecques raison, mon cœur a soubçonné
Qu'en ce dernier combat ie fus abandonné :
Mes soldats tout d'vn coup perdirent l'asseurance ;
Ils lascherent le pied, contre toute apparence ;
Ils me laisserent seul aux mains des estrangers ;
Eux qui m'auoient cent fois suiuy dans les dangers.
Voila, braue Siphax, la cause de ma peine :
Il s'agit de l'Estat, il s'agit de la Reine ;
Il s'agit de mon bien, & de vostre plaisir ;
Il s'agit de mes vœux, & de vostre desir ;
Donc si vostre interest ou la pitié vous touche ;
Si le cœur est courtois, aussi bien que la bouche ;
Souffrez que ie m'en aille, afin de m'oposer
A l'orgueil de celuy qui la veut espouser.
Et ie vous iureray, par le Ciel, par la terre,
De n'entreprendre rien qu'à la fin de la guerre ;

TRAGI-COMEDIE.

De suspendre en ce cas les desirs de mon cœur,
Afin que la Couronne appartienne au vainqueur:
Ainsi trouuant aprés, ou la mort, ou la gloire;
Vn de nous la prendra des mains de la Victoire.

SIPHAX.

Braue & courtois Riual, arrestez ce propos:
Ie vay mettre mon cœur & le vostre en repos:
Il faut que maintenant cette crainte finisse:
Ie brusle (il est certain) mais c'est pour Stratonice:
Elle dont le merite est sans comparaison,
Adioustant fers à fers, & prisons à prison,
Me rendit plus captif par l'effort de ses charmes,
Que Siphax ne l'estoit par celuy de vos armes.
Chassez donc la frayeur qui vous trouble en ce iour:
Vn interest d'Estat fit ma premiere amour;
Mais mon propre interest a formé la seconde:
Ie la prefererois à l'Empire du Monde.
Ainsi, quelque dessain que puisse auoir le Roy,
Siphax le veut combatre, & pour vous, & pour soy.
Mais pour ne perdre point vn temps si necessaire,
Ie m'en vay de ce pas (ô courtois Auersaire)
Pratiquer les soldats qui vous doiuent garder,
Afin que cette nuict on vous laisse esuader.

CLEONIME.

Puisse vostre valeur vaincre toute la terre!

F ij

SIPHAX.

Tout le Camp prend de moy les ordres de la guerre,
De sorte que i'espere auec facilité,
Vous payer ma rançon par vostre liberté.

CLEONIME.

Et i'espere payer ce bien-fait par ma vie.

SIPHAX.

Puissay-ie vous sauuer, c'est toute mon enuie!

CLEONIME.

Mais ne hasardez rien, songez à vous aussi :

SIPHAX.

Ie hasarderay tout, pour vous oster d'icy.

SCENE VIII.

IVGVRTHE, MASSINISSE, Troupe de Numidiens.

MASSINISSE.

IE sçay qu'il est prudent ; ie sçay qu'il vous respecte
Mais pourtant cette ardeur m'afflige, & m'est suspecte :

TRAGI-COMEDIE.

Songez que ce grand cœur peut tout, & ne craint rien.

IVGVRTHE.

Genereux comme il est, ie l'empescheray bien
De faire contre moy cette faute importante.

MASSINISSE.

Seigneur, ie l'aperçoy qui sort de cette Tente.

SCENE IX.

IVGVRTHE, MASSINISSE, Troupe de
Numidiens, SIPHAX.

IVGVRTHE.

SIphax, pour vous môtrer que ie m'asseure en vous,
Et que ma bienueillance a vaincu mon courroux;
Ie remets en vos mains le Prince Cleonime;
Obseruez-le, veillez; car sa fuite est vn crime.

SIPHAX.

Seigneur, l'employ que i'ay m'occupe entierement.

IVGVRTHE.

Siphax, c'est vne loy que mon commandement.

F iij

ANDROMIRE,

SIPHAX.

Il faut qu'en cent endroits ie me trouue en personne.

IVGVRTHE.

Il ne faut qu'obseruer les ordres que ie donne.

SIPHAX.

Si ie n'y suis present, chacun manque au deuoir:

IVGVRTHE.

Ne manquez point au vostre, & i'y sçauray pouruoir.

SIPHAX.

Vn autre mieux que moy peut prendre cette peine:

IVGVRTHE.

Ne me repliquez point;

SIPHAX.

Mais.....

IVGVRTHE.

Mais, craignez ma haine:
Tout l'Vniuers sçaura ce que vous resoudrez;
Ie vous le donne en garde, & vous m'en respondrez.

TRAGI-COMEDIE.

SCENE X.

SIPHAX.

O Dieux, en quel estat est mon ame affligée!
Dois-ie oublier celuy qui l'a tant obligée?
Dois-ie oublier la foy que ie viens de donner?
Oublier mon amy! dois-ie l'abandonner?
Perdre le souuenir des faueurs qu'il m'a faites!
Laisser son esperance & la mienne imparfaites!
Et meritant le nom de lasche, & de menteur,
Deuenir le Geolier de mon Liberateur!
O Ciel, sous quel mal-heur est mon ame asseruie!
Quoy, ie luy deuray donc la franchise & la vie,
Et loin de le tirer de ce triste sejour,
Ma main luy rauira la franchise & le iour!
Quoy, ie luy rauiray, dans le mal qui le presse,
Vn Sceptre, vne Couronne, auec vne Maistresse!
Et d'vne ingratitude horrible au souuenir,
Remettray sur le Throsne, vn que ie dois punir!
Vn lasche, vn insolent dont l'orgueil est extréme!
Ha! c'est bien estre lasche & criminel moy-mesme.
Infortuné Siphax, quel chemin suiuras-tu?
Mais en dois-tu douter? celuy de la Vertu:

Qu'elle regne en ton cœur, & que ton cœur finisse:
Aprés ta lascheté, que diroit Stratonisse?
Elle t'estimeroit vn perfide, vn ingrat,
Ennemy de l'honneur, comme de cét Estat:
Oüy, ce cœur genereux, Noble, Illustre, Heroique,
Te considereroit comme vn Monstre d'Affrique,
Que les flots de la mer, & la fureur du fort,
Pour perdre la Sicile, auroient mis sur ce bord.
Ha! non, non, esuitons vn si iuste reproche:
Quand Iugurthe pour nous, auroit vn cœur de roche;
Quand il perdroit nos iours, comme nostre bon-heur,
Il luy faut preferer, & l'Amour, & l'honneur.
Mais, helas! ce respect qu'imprime la naissance;
Ce sacré nom de Roy, cette Auguste Puissance,
Arreste mon esprit par vn nouuel objet,
Et me fait souuenir que ie suis nay subjet.
Cleonime est courtois, & Stratonice est belle;
Mais Iugurthe est mon Maistre, & ie serois rebelle:
Aprés ce qu'il ordonne, il faudroit le trahir;
Te perdre, luy desplaire, & t'en faire haïr.
O diuers sentimens, qui me donnez la gesne,
Ie ne puis me resoudre, & vostre force est vaine!
Quoy, perdre ce grand cœur, qui t'a sauué deux fois!
Mais perdre le respect que l'on doit à ses Rois!
Quoy, deuenir ingrat! mais deuenir perfide!
Oser fascher ton Prince! estre foible & timide!
Amour, Honneur, Amy, ma Maistresse, & mon Roy,
Helas! à qui de vous dois-ie manquer de foy?
                                              Helas!

TRAGI-COMEDIE.

Helas! à qui de vous faut-il que i'obeisse?
necessairement il faut que ie trahisse;
necessairement l'Vniuers me doit voir,
Ou manquer de parole, ou choquer mon deuoir.
Tristes difficultez qu'on ne sçauroit resoudre!
D'vn & d'autre costé ie voy tomber la foudre;
Et quoy qu'on puisse faire afin de l'arrester,
Ie connois que mon front ne sçauroit l'éuiter.
Mais prenons dans le choix d'vn sort si déplorable,
Et le plus dangereux, & le plus honorable.
Non, Siphax, ne sois point genereux à demy;
Perds-toy, s'il te faut perdre, en sauuant ton amy;
Souuiens-toy que Siphax doit tout à Cleonime;
Et qu'ainsi tu peux ioindre, & la gloire, & le crime.
Toy, fais ce que tu dois; le Roy ce qu'il voudra;
Car si quelqu'vn te blasme, vn autre te pleindra:
Et tout cœur genereux qui verra ce que i'ose,
Estimera l'effet d'vne si belle cause;
Et verra que Siphax prefera sans bon-heur,
Le sepulchre honorable, au Throsne sans honneur.

SCENE XI.

CLEONIME, SIPHAX, Troupe de Numidiens.

CLEONIME.

Dieux, quel trouble nouueau s'esleue en ce visage?

SIPHAX.

Vn qui de la raison me desrobe l'vsage :
Sur le poinct, cher Amy, que i'allois vous aider,
Le Roy m'a commandé ; Ciel !

CLEONIME.

Quoy ?

SIPHAX.

De vous garder.
Oüy, le Destin a fait, luy qui me veut confondre, (dre.
Qu'on vous met en ma garde, & que i'en dois respon-

CLEONIME.

Pourquoy vous affliger d'vn mal qui n'est qu'à moy ?

SIPHAX.

Pourquoy faire ce tort à mon cœur, à ma foy ?
Pourquoy me demander, d'où procede ma plainte,
Vous qui voyez le coup, dont mon ame est atteinte ?
La fortune iamais ne m'outrage à demy :
Il faut desobliger mon Prince, ou mon amy :
L'honneur & l'amitié me tiennent en balence,
Et deschirent mon cœur d'égale violence.
Si ie vous suis fidele, il faut trahir le Roy ;
Si ie luy suis fidele, il faut manquer de foy ;
Estre vn lasche, vn perfide, vn ingrat, vn pariure,
Et payer laschement vn bien-fait, d'vne iniure.

TRAGI-COMEDIE.

Que dois-ie faire? ô Ciel, quels mal-heurs sont les
Priuer de liberté celuy dont ie la tiens! (miens!
Helas! que dois-ie faire en ce mal-heur extréme?
Cher & parfait amy, dites-le moy vous mesme.

CLEONIME.

Encor que mon trespas à mon conseil soit ioint,
L'honneur & l'amitié ne se balancent point:
Le deuoir d'vn subjet est plus fort que tout autre;
Et l'interest du Prince est preferable au nostre.
Ainsi ie vous conseille, ô Prince genereux,
De n'entreprendre rien pour ce cœur mal-heureux.
Vous deuez tout au Roy, rendez-luy toute chose:
Le Destin veut ma perte, & mon cœur s'y dispose:
Ie n'abuseray point d'vn excez de bonté:
Il ne faut point de garde à ma captiuité:
S'il s'agit de l'honneur de Siphax qui nous aime,
Ce cœur reconnoissant se gardera luy-mesme:
Et si quelque autre tasche à rompre sa prison,
Il le refusera, par la mesme raison.

SIPHAX.

O cœur trop genereux! ô braue Cleonime!
Ce conseil est courtois, mais il perd mon estime:
Oüy, ie vous dois la vie, & la franchise aussi;
Et ie vous dois payer, & l'vne & l'autre icy.
Acheuons, acheuons la premiere entreprise:
Quel qu'en soit le peril, mon ame le mesprise:

G ij

Siphax veut cette nuict faire vn dernier effort;
Car vous deuant la vie, il mesprise la mort.

CLEONIME.

Et quoy, seroit-il iuste, ame illustre & fidelle,
Que la mienne abusast du soin que l'on prend d'elle?
Qu'elle fist vn outrage à la saincte amitié?
Et qu'elle fust cruelle enuers vostre pitié?
Qu'elle perdist d'honneur, par vne iniuste enuie,
Ce rare & cher amy, qui veut sauuer ma vie?
Non, non, iugez vous-mesme, ô Prince sans pareil,
Si tout cœur genereux doit suiure ce conseil:
Ie perds le iour, la Reine, (ô funeste memoire!)
Mais il faut perdre tout, pour conseruer sa gloire.

SIPHAX.

Ie dois rompre vos fers, puis qu'on les peut briser:

CLEONIME.

Ne m'offrez point vn bien que ie dois refuser.

SIPHAX.

Du haut de vos ramparts, la Reine vous appelle:

CLEONIME.

I'escoute la raison, qui me parle comme elle.

SIPHAX.

Soit par son interest, ce dessain combatu:

TRAGI-COMEDIE.
CLEONIME.
Elle me haïroit, si i'estois sans vertu.
SIPHAX.
Mais Dieux, par vn Riual elle vous est rauie!
CLEONIME.
Les Dieux disposeront, & d'elle, & de ma vie.
SIPHAX.
Ils veulent vous sauuer;
CLEONIME.
    Ils en ont le pouuoir:
SIPHAX.
Mais vous le refusez;
CLEONIME.
    Mais ie fais mon deuoir.
SIPHAX.
Vous me faites ingrat;
CLEONIME.
    Vous me le voulez rendre:
SIPHAX.
Ie dois perir pour vous;

       G iij

ANDROMIRE,
CLEONIME.

Et ie dois vous defendre.

SIPHAX.

Pour la derniere fois, ie vay trouuer le Roy;
Luy dire mon amour, parler pour vous, pour moy;
Mais si ie n'obtiens rien, soyez plus raisonnable:

CLEONIME.

I'en seray plus constant, comme plus miserable.

SIPHAX.

Quoy, n'obtiendray-ie rien de ce cœur endurcy?

CLEONIME.

Deliurez-moy sans crime, ou que ie meure icy.

Fin du second Acte.

ACTE III.

IVGVRTHE, SIPHAX, MASSI-
NISSE, Troupe de Numidiens, CLEO-
NIME, ANDROMIRE, STRA-
TONICE, POLICRITE, Troupe
des Filles de la Reine, Troupe de Gardes,
ARBAS, SOSIBE, MENANDRE.

SCENE PREMIERE.

IVGVRTHE, SIPHAX, MASSINISSE,
Troupe de Numidiens.

IVGVRTHE.

QVEL *charme si puissant enchante ainsi vostre*
ame?

SIPHAX.

Le desir de la gloire, & la crainte du blasme;

La vertu d'vn Riual, & son exemple aussi;
Car enfin par luy seul, ie vis, & suis icy.
Seigneur, ie connois bien que ie vous importune;
Que i'expose ma gloire, & ma bonne fortune;
Que ie sors du deuoir, en sortant du respect;
Qu'aprés cela, Siphax vous doit estre suspect;
Que ce qu'il vous demande est grand & difficile;
Qu'il semble se ranger du party de Sicile;
Qu'il paroist criminel, aimant vos ennemis;
Mais si l'honneur l'ordonne, il doit estre permis.
L'honneur veut que ie prie, & que ie recommence:
Seigneur, au nom des Dieux, escoutez la clemence:
Consultez vostre cœur, genereux comme il est:
Qu'il regarde sa gloire, & non mon interest:
Qu'il face pour luy seul ce qu'vn autre demande:
Seigneur, ie vous en prie, & l'honneur le commande.

IVGVRTHE.

Quoy, l'honneur vous oblige à me desobliger!
Quoy, vostre cœur s'afflige, afin de m'affliger!
Quoy, vous prenez party contre vostre Patrie!
Vous aimez l'ennemy iusqu'à l'idolatrie!
Vous trauaillez vous-mesme à rompre sa prison!
Et vous croyez encor, que vous auez raison!

SIPHAX.

Seigneur, ie me souuiens qu'il a rompu la mienne.

IVGVRTHE.

TRAGI-COMEDIE.

IVGVRTHE.

Et ie n'oubliray pas de quel prix est la sienne :
Songez, songez, Siphax, esuitant mon courroux,
Et tant de braues gens, que i'ay perdus pour vous.
J'ay hazardé pour vous mon Sceptre & ma per-
   sonne,
Afin de vous donner vne double couronne,
Et dans le mesme temps, qu'il la faut emporter,
Vous combattez pour vn qui vous la peut oster.

SIPHAX.

Seigneur elle est à luy.

IVGVRTHE.

Vostre ame est elle saine ?

SIPHAX.

La raison la luy donne, & l'amour de la Reine :
Et mon ame estant prise, en de nouueaux appas,
Le Sceptre est vn bon-heur, où ie ne pretends pas.

IVGVRTHE.

Ce discours est obscur :

SIPHAX.

Que ce doute finisse,
C'est que ie suis captif des yeux de Stratonice :

H

Et que si ie n'obtiens vostre consentement,
Le Throsne de Siphax sera son monument.

IVGVRTHE.

O l'estrange discours! vostre ame d'esreglée,
Suit vne passion dont elle est aueuglée,
Sçachez que la raison condamne cette ardeur,
Qu'vn Roy ne doit aimer que sa seule grandeur;
Que l'interest d'estat doit gouuerner son ame;
Et que l'ambition en doit estre la flame,
Que tout autre dessein est pour luy trop abject;
Que cette amour est bonne en l'ame d'vn sujet;
Mais qu'en celles des Roys, qui sont Dieux de la
   Terre,
Et l'amour de la Gloire, & l'amour de la Guerre,
En tout temps, en tous lieux, doit les accompagner,
Et regner en leurs cœurs, pour les faire regner.

SIPHAX.

Seigneur, c'est trop flatter, la puissance ou nous
   sommes:
Car mal-gré son éclat, les Rois sont tousiours hom-
   mes:
Et tout homme est sujet à cette passion.

IVGVRTHE.

Ouy les Rois sans courage, & sans ambition,

TRAGICOMEDIE.

SIPHAX.

Vne amour raisonnable est exempte de crime.

IVGVRTHE.

Oubliez Stratonice, oubliez Cleonime,
Où vous sçaurez trop tost ce que ie resoudray:

SIPHAX.

Ha perdez moy plutost!

IVGVRTHE.

Et bien ie vous perdray.

SCENE II.

CLEONIME, SIPHAX, IVGVRTHE,
MASSINISSE, Troupe de Numidiens.

CLEONIME.

N'EN faites rien, Seigneur, cette perte est trop
grande:
Ma mort le peut sauuer, & ie vous la demande.
Non, non n'escoutez point sa generosité,
Quand elle parlera de cette liberté.

H ij

ANDROMIRE,

Et pour vous asseurer contre une ame heroïque,
Enuoyez moy du camp au riuage d'Affrique,
Vn sepulchre estranger, pour luy me sera doux.

SIPHAX.

Et i'aimeray la mort, en la souffrant pour vous.

CLEONIME.

Plus il paroist ardent a commettre ce crime,
Plus (si vous y songez) il est digne d'estime.

SIPHAX.

Plus vous vous opposez à mon iuste projet,
Plus l'honneur me fait voir que c'est là son objet.

CLEONIME.

Siphax, au nom des Dieux, gardez-en la memoire.

SIPHAX.

Mais vous, au nom des Dieux, n'offensez point
ma gloire.

IVGVRTHE.

Iuste Ciel!

CLEONIME.

Cher Amy, le Destin veut ma mort,
En vain tous les mortels s'opposeroient au sort.

TRAGI-COMEDIE.

SIPHAX.

Quoy, Seigneur, ce grand cœur ne touche point le voſtre!

CLEONIME.

Non, ſauuez voſtre ſang, & reſpandez le noſtre.

SIPHAX.

Cruel & cher Amy, ne vous oppoſez plus:

CLEONIME.

Cruel & cher amy vos ſoins ſont ſuperflus.

IVGVRTHE.

Ha Iugurthe c'eſt trop!

CLEONIME.

Mais ſouffrez que i'expire.

SIPHAX.

Regardez ce Palais, c'eſt là qu'eſt Andromire.

CLEONIME.

Ouy c'eſt là qu'eſt mon cœur, & cét obiet ſi beau,
Mais n'y pouuant entrer, entrons dans le Tombeau.

H iij

SIPHAX.

Seigneur, souuenez-vous, si ce mal-heur arriue,
Que Siphax le cherit, & qu'il faut qu'il le suiue.

SCENE III.

IVGVRTHE, MASSINISSE, Troupe de Numidiens.

IVGVRTHE.

O *Vertu sans pareille, égalle en ces deux cœurs!*
Par toy nous les voyons, & vaincus, & vainqueurs.
Ton esclat m'esbloüit, leur gloire me fait honte:
L'vn ny l'autre ne cede, & c'est moy qu'on surmonte.
Laissons, laissons regner l'Amour & l'Amitié,
Ouy vertu ie te cede, & tu me fais pitié:
Mais songeons neantmoins à l'vne & l'autre chose,
Que l'amitié demande & que l'amour propose,
Consultons meurement loin du monde & du bruit,
Et le reste du iour & toute cette nuit.

TRAGI-COMEDIE.

SCENE IIII.

ANDROMIRE, STRATONICE,
POLICRITE, Troupe des Filles
de la Reyne, Troupe de Gardes.

ANDROMIRE.

Dieux, ie l'auois bien dit, que la Parque inhu-
  maine,
Me feroit esprouuer les effets de sa hayne!
Cleonime est perdu, nous le sommes aussi;
Les Dieux l'ont ordonné, le sort le veut ainsi;
Le rampart de Sicile, enfin tombe par terre;
Vne funeste paix, va suiure cette Guerre,
Siracuse est perduë, & nous allons finir,
Dans vn Throsne ébranlé qu'on ne peut soustenir,
Si l'ennemy touché par la voix de Menandre,
Aussi courtois que nous, ne se porte à le rendre.
O cœur trop Genereux, courage trop ardant,
Ta funeste valeur, nous perd en te perdant!
Cleonime trop prompt, Cleonime peu sage,
Le cruel ennemy que te fut ton courage!
Que i'eus peu de conduitte, & toy peu de raison,

De permettre à Siphax, de sortir de prison!
Car sa captiuité pouuoit finir la tienne,
Et pouuoit empescher & ta perte & la mienne:
Mais que i'eus peu d'amour, de ne t'empescher pas,
D'aller encor tenter le hazard des combats!
De consentir moy-mesme à ton iniuste enuie,
Et de commettre au sort vne si chere vie:
Ha bons Dieux, mon esprit en cét aueuglement,
S'il ne fut sans amour, fut bien sans iugement.
Ce Camp, ces Pauillons, où l'on tient Cleonime,
Me reprochent ma faute, & m'accusent d'vn crime:
Ha que n'est-il permis, à mon sexe, à mon rang,
D'exposer au peril & mes iours & mon sang:
I'irois entre les darts des troupes ennemies,
Lauer de mes soldats les lasches infamies,
Oster ce des-honneur du nom Sicilien,
Et contraindre Iugurthe à me rendre mon bien.
Perfides sans honneur, quelle frayeur vous dompte?
Vous quittez vostre Chef & le quitez sans honte:
Et peut estre qu'encor à cette lascheté,
Vous ioignez l'artifice & l'infidelité.
Mais si ie le descouure, ha perfides, ie iure,
Que la teste d'Arbas reparera l'iniure:
Ouy, ce cœur offensé, qui le sçaura punir,
En veut faire vn exemple aux siecles à venir.

POLICRITE.

Ha Madame, perdez cette iniuste creance:

Arbas

TRAGI-COMEDIE.

Arbas est trop fidelle, il a trop de vaillance;
Et quelque aueuglement qu'ait son ambition,
Il ne fera iamais vne lasche action.
Sa valeur est connuë en cent lieux de la terre;
Et vous connoissez trop le hazard de la guerre:
Nul homme n'est garant des caprices du sort,
Et vous seriez iniuste en causant cette mort.

ANDROMIRE.

Ma sœur, quel changemẽt se fait voir en vostre ame?
Quoy dans vn mesme iour, elle estime, elle blasme,
Elle condamne vn homme & parle en sa faueur!
Elle paroist de glace, & fait voir sa ferueur!
Elle se plaint de luy, condamne son enuie;
Et dans le mesme iour elle deffend sa vie,
Deffend vne action, que chacun doit blasmer;
Et deuant le hair, elle semble l'aymer.
Puy vous semblez aimer vn homme que i'abhorre;
Puy vous l'aimiez tantost, & vous l'aymez encore,
L'vn & l'autre conseil le fait voir clairement,
Et tous les deux ont eu le mesme fondement.
Vostre seul interest a produit l'vn & l'autre,
Et vous le regardez sans regarder le nostre:
Mais en vous imitant il nous sera permis,
De ne songer qu'à nous, perdant nos ennemis.

POLICRITE.

Ha, Madame, c'est trop, & ie suis outragée.

I

ANDROMIRE.

Dites que c'est trop peu pour vne ame affligée.

POLICRITE.

Puis que ie vous desplais, ie m'oste de ces lieux.

SCENE V.

ANRROMIRE, STRATONICE, Troupes des Filles de la Reyne, Troupes de Gardes.

ANDROMIRE.

Mais elle emporte au cœur ce qu'elle oste à nos yeux.
Chose estrange, qu'vne ame & si noble & si belle,
Ait vne passion qui soit indigne d'elle !
Et qu'elle aime vn ingrat qui regne en ses esprits,
Malgré son inconstance, & mal-gré ses mespris:
Mais Dieux que ferons nous, apres cette auanture?
Vne iuste frayeur me donne la torture :
Elle ne connoist pas vn que ie connois bien;
En vn mot, ie crains tout, & ie n'espere rien.

STRATONICE.

Madame resistez à ce penser timide :

TRAGI-COMEDIE.

Nous deuons esperer en ce Prince Numide:
Il est trop genereux pour pouuoir estre ingrat,
Aux yeux de tout son Camp & de tout cet Estat,
Cleonime.

ANDROMIRE.

Ha voicy pour augmenter ma peine,
La cause de sa perte, & l'objet de ma hayne.

SCENE VI.

ARBAS, SOSIBE, ANDROMIRE
STRATONICE, Troupe des filles de la Reine,
Troupe de Gardes.

ARBAS.

Madame, nous venons prendre l'ordre de vous:

ANDROMIRE.

Nous remarquons assez le soing qu'on pred de nous.

ARBAS.

Ie m'acquitte en cela des droits de ma naissance;

I ij

ANDROMIRE.

ANDROMIRE.
Mais aux combats sur tout paroist vostre prudence,
ARBAS.
Ie croy n'auoir rien fait, qui ne me fust permis.
ANDROMIRE.
Vous auez bien serui, mais c'est les ennemis.
ARBAS.
Ie ne respondray pas de la faute d'vn autre:
ANDROMIRE.
Vous ferez bien Arbas, il suffit de la vostre.
ARBAS.
Ie me suis conserué, pour l'estat auiourd'huy.
ANDROMIRE.
Il fait bon s'obliger en obligeant autruy.
ARBAS.
Mais que pouuoit-on faire, en vn si grand orage?
ANDROMIRE.
Mais que ne pouuoit point vn homme de courage?

TRAGI-COMEDIE.

ARBAS.

Nous fifmes cent efforts, le voulant fecourir;
Que pouuois-ie de plus, grande Reine?

ANDROMIRE.

Y mourir.
Il falloit s'enterrer efuitant l'infamie,
Dans les retranchemens de l'armée ennemie.
C'eſt l'à que le trefpas eſtoit & iuſte & beau,
Et qu'vn homme de cœur auroit fait ſon tombeau.
Car enfin pour couurir cette laſche retraite,
Monſtrez-nous vos gens morts, voſtre troupe def-
    faite,
Vos Drapeaux déchirez, & vous au premier rang,
Et tout couuert de traits & tout couuert de ſang:
Eſtant en cét eſtat comme vous deuez eſtre,
Venez mourir icy, l'honneur le peut permettre.
Mais vous eſtes ſans coups ainſi que ſans vertu;
Vous reuenez ſans battre & ſans eſtre battu;
Et vos troupes eſtans ſi laſches & ſi fortes,
Siracuſe au retour deuoit fermer ſes portes,
Vn ſi foible ſecours ne peut ſeruir a rien:
Quiconque attaque mal, ne ſe deffend pas bien.

ARBAS.

Ha ce diſcours eſt vray, pour qui ſçait bien l'enten-
    dre!

I iiij

Ouy, ouy, i'attaque mal, & me sçay mal deffendre
Car apres vos mespris, & mes soins superflus,
Ie deurois n'aimer point, ou du moins n'estre plus.

ANDROMIRE.

Quoy, lors que ma douleur est en sa violence,
De la premiere faute, on passe à l'insolence !
Et l'on m'oze parler d'vn criminel orgueil,
Digne de ma cholere, & digne du cercueil !
Songez à vous Arbas, comme à ce que vous faites,
Voyez ce que ie suis, & voyez qui vous estes.

ARBAS.

Le rang où ie suis nay, n'a rien qui soit abjet :
Ie suis Prince, Madame :

ANDROMIRE.

                Et Prince mon sujet.

ARBAS.

Mes Ayeuls comme vous, ont porté la couronne :

ANDROMIRE.

Ce droit ne passe point iusqu'à vostre personne :
Qui naist dans mes Estats, naist sujet à mes loix,
Fust-il du sang des Dieux aussi bien que des Rois.

TRAGICOMEDIE.

ARBAS.

Mais les Dieux receuroient ce que ie vous presente:
Vn cœur plein de respect, vne ame complaisante,
Qui ne desire rien que de vous obeir.

ANDROMIRE.

Et dont l'iniuste amour me porte à la haïr.

ARBAS.

Mon cœur à la quiter ne sçauroit se resoudre.

ANDROMIRE.

D'icy, voyez ces Monts ou fume encor la foudre,
Et vous ressouuenez en suiuant mes conseils,
Que c'est la que Vulcan la fait pour vos pareils.

ARBAS.

Le sort en est ietté, soit sagesse ou folie,
Quand ces monts me seroient les monts de Thessalie;
Quand l'Ætna puniroit mon cœur ambitieux,
Il est beau de tomber en s'esleuant aux Cieux.

ANDROMIRE.

Plus on est esleué, plus la cheute est mortelle.

ARBAS.

Mais elle est glorieuse, & ie la cherche telle.

ANDROMIRE,

ANDROMIRE.

Le crime auec la gloire a trop peu de rapport,
Et sans trouuer la gloire, on peut trouuer la mort.

ARBAS.

Quiconque peut trembler, n'a rien qui me ressemble,
Ie cherche l'vne ou l'autre, où l'vne & l'autre en-
  semble.

ANDROMIRE.

Vous cherchez vn honneur que vous n'obtiendrez
  pas.

ARBAS.

Et qu'obtiendray-ie donc ?

ANDROMIRE.

La honte, & le trespas.

ARBAS.

Puis qu'enfin mon vaisseau doit perir dans l'orage,
Il m'importera peu de haster mon naufrage :
Et dans le desespoir, où vous me reduisez,
I'espere entrer au port sur des vaisseaux brisez.

ANDROMIRE.

Ha Ciel quelle insolence ! ha bons Dieux quelle au-
  dace,

TRAGI-COMEDIE. 73

l'audace!
D'un discours temeraire, il passe à la menace!
A mon iuste courroux, qu'est-ce qui te retient?
Gardes qu'on vienne à moy, mais Menandre reuient.

SCENE VII.

ANDROMIRE, MEMANDRE, STRA-
TONICE, ARBAS, SOSIBE, Troupe
des Filles de la Reyne, Troupe
de Gardes.

ANDROMIRE.

NE flatte point nos maux, sage & discret Menandre;
Dis moy ce qu'on doit craindre, où ce qu'on doit attendre.

MENANDRE.

Madame, vostre esprit a tout à redouter:
L'ennemy peu courtois, ne veut rien escouter:
I'ay receu de sa part, des traitemens indignes,
Et n'ay pu m'auancer qu'à ses premieres lignes.

K

ANDROMIRE,

Ie n'ay point veu le Roy, mais il m'a fait sçauoir,
Puis que le sort a mis le Prince en son pouuoir,
Qu'il ne le rendra point, en ce danger extreme,
Que vostre Majesté ne se rende elle-mesme.

STRATONICE.

Ha perfide Siphax!

ANDROMIRE.

    Qui nous peut secourir?
La mort, la seule mort, & bien, il faut mourir;
Puis que cette esperance enfin nous est rauie,
Et qu'elle seule encor nous conseruoit la vie.
Throsne, Sceptre, Couronne, illustres ornemens,
Qui ne seruez de rien à mes contentemens,
Vostre perte n'est rien, au prix de cette perte,
Et ie puis tout souffrir, puis que ie l'ay soufferte:
Il n'est point de mal-heurs qui ne me soient offerts,
Et pour tout dire enfin, Cleonime est aux fers.
O sort, iniuste sort, dont la fureur m'oprime!
Que t'a fait Andromire, & qu'a fait Cleonime?
Reproche-luy sa faute, & nous fais voir icy,
Que c'est auec raison qu'on nous afflige ainsi.
Mais cette plainte est foible, & n'est pas entenduë;
Mon Estat est perdu, comme ie suis perduë:
Il faut tomber du Throne au tombeau qui m'attend;
Ouy la Parque m'appelle, & mon esprit l'entend;
Il faut ceder au sort, il faut cesser de viure;

TRAGI-COMEDIE.

Il faut qu'un mesme coup nous perde & nous deli-
   ure :
Et qu'un noble trespas, mesme en dépit du sort,
Nous face rencontrer la gloire dans la mort.
Mais pourquoy s'amuser a d'inutiles larmes ?
Telle qu'une Amazone allons prendre les armes ;
Et puis qu'en ce mal-heur, tout doit estre permis,
Allons porter la flame aux vaisseaux ennemis :
Renuerser de leur camp les superbes tranchées ;
Faire voir sous nos coups leurs legions fauchées ;
Retirer de leurs mains le Prince Prisonnier ;
Ou finir nostre sort par vn combat dernier.
Ouy i'entends Cleonime, il semble qu'il m'accuse :
Allons braues soldats, sortons de Siracuse.
Mais Dieux, a qui s'adresse vn esprit estonné ?
A ces lasches soldats, qui l'ont abandonné.
En vain ces lasches cœurs iroient sous ma conduite ;
Vne seconde fois ils reprendroient la fuitte ;
Ils sont accoustumez à cette lascheté,
Et ne seront iamais que ce qu'ils ont esté.
Helas en ce mal-heur, quel conseil dois-ie prendre ?
C'est crime d'en douter, non, non, il se faut rendre :
Il faut perdre le Sceptre & la franchise aussi,
Pour retirer le Prince, il faut agir ainsi.
Puis que nous deuons tout à son rare merite,
Il faut en donnant tout, que nostre ame s'aquitte.
Portons à l'ennemy le Sceptre qu'il attend,
Menons-le dans le Throne où son orgueil pretend :

K ij

Allons mettre à ses pieds nostre illustre couronne,
Afin de retirer vne illustre personne :
Il faut au triste estat où l'Vniuers nous voit,
Laisser faire au destin, & faire ce qu'on doit.
Foible & debile espoir, tu n'es pas legitime !
Nous perdrons nostre Estat, sans sauuer Cleonime.
Et quoy qu'on puisse faire, & qu'il puisse arriuer,
Nous nous perdrons nous-mesme en voulant le
  sauuer.
A la mort, à la mort, c'est nostre seul remede :
Puis que tout m'abandōne, il faudra qu'elle m'aide:
Ouy, faisons voir par elle, à ce Prince auiourd'huy,
Que ie veux mourir sienne, ou viure auecques luy.

ARBAS.

Quel sujet auons nous de craindre l'auersaire ?
Quoy, Madame le Prince est-il si necessaire ?

ANDROMIRE.

Plus que vous, plus que tous, & s'il ne m'est rendu,
Andromire est perduë, & son Estat perdu.
Menandre, écoute moy, va par toute la ville,
Fais sçauoir de ma part, au peuple de Sicile,
Que s'il se peut trouuer quelqu'vn assez heureux,
Pour pouuoir deliurer ce Prince genereux,
Ie iure par le ciel que ie suis déja preste,
D'accorder toute chose à sa moindre requeste.
Que ie veux que les Dieux me priuent de tout bien,

TRAGI-COMEDIE.

Si ie n'accorde tout, si ie refuse rien.
Ouy, ie le dis encor, tout, sans reserue aucune:
Et si ie ne le fais, me perde la fortune:
Puisse punir le ciel, mes sermens violez,
C'est l'ordre que ie donne, allez, Menandre, allez.

SCENE VIII.

ARBAS, SOSIBE.

ARBAS.

LE sort me persecute, & la fortune entasse,
Mal-heur dessus mal-heur, disgrace sur dis-
  grace:
O l'inuincible orgueil! ô Dieux le fier esprit!
ma constance l'irrite, & mon respect l'aigrit,
Quand i'auois vn Riual (dure & triste memoire!)
I'estois à tous momens spectateur de sa gloire:
Et lors que ce Riual est en captiuité,
Iamais, iamais, Arbas, ne fut si mal-traité.
Ainsi de tous costez, ie rencontre la peine,
Et perds tousiours l'espoir de posseder la Reine.
As-tu veu de quel air elle parloit à moy?
Comme elle pretendoit me donner de l'effroy?

N'as-tu point remarqué ces parolles piquantes?
Parolles il est vray, fortes & conuainquantes;
Ces mots imperieux, ces termes de mépris,
Dont le seul souuenir afflige mes esprits?
Sosibe, apres cela, le moyen, l'apparence,
De conseruer encor vn reste d'esperance?
Le moyen d'arriuer à ce supréme poinct?
Dis-le moy si tu peux, car ie ne le sçay point.

SOSIBE.

Quoy, n'auons-nous agi, qu'afin de nous mieux
 plaindre?
Quoy, craignez-vous, Seigneur, alors qu'on vous
 doit craindre?
Et si pres d'arriuer au faiste du bon-heur,
Vostre esprit veut-il perdre & le Throne & l'honneur?
Non, non, quand vne fois on est dans la barriere,
Il faut aller au bout, & passer la carriere.
La Prudence en tout temps nous doit accompagner:
Il falloit l'vn des deux, obeïr où regner:
Vous n'auez pas fait l'vn, veuillez donc faire l'autre;
Et bref, faites ceder tout interest au vostre.

ARBAS.

Mais la force est enfin le chemin que tu prends:

TRAGI-COMEDIE.

SOSIBE.

La force est la vertu de tous les Conquerans.
Faites puis qu'on ne peut en vser d'autre sorte,
Qu'on vous reçoiue au Throne, où plutost qu'on
  en sorte:
Elle n'a point d'amour, n'en ayez point aussi;
Elle voudroit vous perdre, agissez donc ainsi.

ARBAS.

Tu ne te souuiens plus qu'elle est ma Souueraine.

SOSIBE.

Elle se souuiendra qu'elle estoit vostre Reyne;
Et si vostre Riual sort vn iour de prison,
Vous direz (mais trop tard) Sosibe auoit raison.

ARBAS.

S'ataquer à ses jours!

SOSIBE.

    Ouy dans cette auanture;
Et pour se conseruer, renuerser la Nature:
Ouy, ce premier deuoir, est preferable à tout;
Tombe tout l'Vniuers, si ie reste debout.

ARBAS.

Conseil trop violent!

ANDROMIRE,

SOSIBE.

Naturel trop facile:

ARBAS.

C'est perdre mon honneur:

SOSIBE.

C'est gagner la Sicile.

ARBAS.

La Couronne à ce prix, ne sçauroit me tenter.

SOSIBE.

Quiconque peut l'auoir, ne peut trop l'achepter.

ARBAS.

Ha sois plus indulgent!

SOSIBE.

Mais vous, soyez plus ferme:
Ce chemin est fâcheux, mais regardez son terme:
Car il s'agit d'vn Throne, & d'aprocher des Cieux:
Et cela, c'est tout dire, aux cœurs ambitieux.

ARBAS.

Ha ne me parle plus, d'vne si lasche voye!
Le chemin de la mort ne va point à la joye:

I'ay

TRAGI-COMEDIE. 81

J'ay de l'ambition, non de la cruauté;
Et ie ne suis pas Tigre enuers vne beauté.
Non, non, sans ton secours, dont l'aigreur m'impor-
 tune,
J'imagine vn moyen de vaincre la Fortune:
Et sans perdre l'honneur, ie pretends obtenir,
Où la gloire de vaincre, où le bien de finir.
Vn extreme danger suit ce que ie propose;
Mais on verra mon cœur, en voyant ce qu'il ose.
Allons, le iour finit, & deuant son retour,
Ie gagneray le Sceptre ou ie perdray le iour.

L

ACTE IV.

STRATONICE, POLICRITE, ANDROMIRE, Troupe des Filles de la Reyne, Troupe de Gardes, MENANDRE, ARBAS, CLEONIME, CRATES.

SCENE PREMIERE.

STRATONICE, POLICRITE,

STRATONICE.

N vain, ma sœur en vain, ie veux flatter son crime :
Il ne deliure point, le Prince Cleonime
Et des-là son Esprit, & lasche & criminel,
Ne merite que trop, vn reproche eternel.
Quand il n'auroit iamais, fait esclater sa flame;

TRAGI-COMEDIE. 83

Quand il n'auroit donné, ny son cœur ny son Ame;
Quand il ne m'auroit fait, promesses ny sermens,
Pour deuenir trompeur, comme tous les Amans;
L'honneur, le seul honneur, l'obligeoit à nous rendre,
Celuy qui le rendit, apres l'auoir sçeu prendre.
Mais il est inconstant, ambitieux, ingrat;
Il nous quite, & nous quite afin d'auoir l'Estat,
A ses premiers desseins son ame s'abandonne,
Il aimoit ce qu'il aime, il aime la couronne;
Elle est l'unique objet, qui touche ses desirs,
D'elle seulle prouient sa peine & ses plaisirs;
Sans elle rien ne plaist, à son humeur hautaine;
Auec elle tout plaist, à cette Ame trop vaine,
L'ingratitude mesme, auec la trahison,
Et pourueu qu'il l'obtienne, il croit auoir raison.
Honneur, sermens, amour, deuoir, bien-faits, seruice,
Tout s'oppose à son crime, & tout cede à son vice :
Il connoist la vertu, mais il ne la suit pas,
Et cette ambition en destourne ses pas :
Ha volage! ha perfide! ame ingrate & meschante,
Que la vanité charme, & que l'orgueil enchante;
Et quoy tant de sermens, n'ont il point de pouuoir?
Et ne les as tu fais, que pour nous deceuoir?
Mais à tort auiourd'huy, mon œil paroist humide,
Car ie n'ignorois pas que c'estoit vn Numide,
Et que la foy Punique, est suspecte à tel point,
Qu'on la croit en iurant, comme en ne iurant point.
Ce pendant ie la creus sans le croire infidelle,

L ij

Ie m'asseurois en luy, ie ne craignois rien d'elle,
Et par cet artifice, acheuant ses desseins,
Le perfide Siphax, est sorti de nos mains.
Foible credulité, que ie te croy blamable!
De m'auoir fait aimer ce qui n'est point aimable:
Car malgré les attraits d'vn esprit dangereux,
On ne doit point l'aimer, n'estant pas genereux.

POLICRITE.

Et cependant ma Sœur, nous auons la feblesse,
De suiure qui nous fuit, & d'aimer qui nous blesse:

STRATONICE.

Haïssons, haïssons, l'honneur le veut ainsi :

POLICRITE.

C'est peu, si nostre cœur ne le desire aussi.

STRATONICE.

Il le doit,

POLICRITE.

Il ne peut,

STRATONICE.

Il le veut,

TRAGI-COMEDIE. 85

POLICRITE.

Il s'abuse:
Il demande un plaisir que luy mesme refuse:
Et bien qu'on le neglige & qu'il soit mal traicté,
Il fait plutost des vœux contre sa liberté.

STRATONICE.

Dieux, il n'est que trop vray, que nostre ame peu saine
Vit ainsi, meurt ainsi.

POLICRITE.

Ma sœur voicy la Reine.

SCENE II.

ANDROMIRE, Trouppe des filles de la Reine, Trouppe de Gardes, STRATONICE POLICRITE, CRATES.

ANDROMIRE.

Avez vous entendu cet effroyable bruit,
Et le dernier combat, de la derniere nuit?
Il est fait sans mõ ordre, & sãs que ie le sçache:
Quel qu'en soit le succez, il me trouble & me fache.

L iij

Arbas se mesconnoist, il prend trop de pouuoir,
Il mesprise le mien, & sort de son deuoir.
D'authorité priuée il fait vne sortie;
Ie me trouue en danger, sans en estre aduertie,
Il hazarde mon sceptre, & parmy cet effroy,
Nous ne sommes plus rien, & nous auons vn Roy.
O pitoyable estat, ou ie me voy reduite!
Puisqu'enfin mon salut, depend de sa conduite;
Qu'vn aueugle nous guide, & que suiure ses pas,
C'est se precipiter au mal qu'il ne void pas:
C'est exposer ses iours en vn peril extréme,
C'est tout perdre en vn mot, & se perdre soy-mesme.

SCENE III.

MENANDRE, ANDROMIRE, STRA-
TONICE, POLICRITE, CRATES,
Troupe des filles de la Reine. Troupe de Gardes.

MENANDRE.

LÉ Prince Arbas Madame, & ...

ANDROMIRE.

Qu'il entre, on sçaura,
Quels furent ses dessains, par ce qu'il nous dira:
Nous verrons son adresse, à deguiser son crime.

Mes yeux me trompez vous où si c'est Cleonime?

SCENE IV.

ARBAS, CLEONIME, ANDROMIRE, STRATONICE, POLICRITE, MENAN-DRE, CRATES, Troupe des Filles de la Reyne, Troupe de Gardes.

ARBAS.

Vn de mes espions ayant sçeu le quartier,
Où l'on auoit logé le Prince prisonnier,
Vint m'en donner aduis au poinct que la nuit sombre,
Auoit caché la ville, & le camp dans son ombre.
Madame, vous sçauez, malgré les ennemis,
Que le costé des Monts nous est encor permis;
Et que tout leur trauail, aussi grand qu'inutile,
N'a iamais pû fermer ce passage à la ville :
Cela fit mon dessein ; car ie pris de vos gents,
Et les plus resolus & les plus diligens,
I'en fis sortir deux mille, & puis deux mille encore;
Les premiers vers Pachin, les autres vers Pellore,
Auec vn ordre exprez d'attaquer brusquement,
L'ennemy qui repose en son retranchement.
Ie crus que cette armée au somme enseuelie,
Croiroit que le secours de Grece & d'Italie,
Venoit les attaquer en faueur de la nuit,

Et qu'ainsi leur effort se feroit vers ce bruit.
La chose reüssit comme elle estoit pensée :
D'abord une redoute ayant esté forcée,
L'alarme fut au camp, & chacun fut d'abord,
Ou le bruit du combat, appelloit son effort.
Ainsi les deceuant par ces fausses allarmes,
I'ataqué deux quartiers pour diuiser leurs armes;
Et puis à l'heure mesme auec trois regimens,
Ie fus teste baissée à leurs retranchemens.
Vn gros de gens de pied, m'arreste & me trauerse,
Il fait ferme long-temps, enfin ie le renuerse,
Ma troupe fait main-basse en tout ce bataillon,
Et lors cherchant le Prince en chaque Pauillon,
Le sort qui me conduit, fait que ie le rencontre ;
Et me le fait sauuer, ainsi qu'il me le montre.
I'attaque, ie combats, & combatant ainsi,
Enfin ie le dégage, & me dégage aussi.
On sonne la retraitte apres cette victoire,
Auecques peu de perte & beaucoup plus de gloire :
L'infortuné Sosibe est seul au monument ;
Au moins de gents de marque & de commandemẽt :
Il mourut tout couuert & de sang & de fleches,
Et son ame sortit par plus de mille breches.
L'on eust dit à sa mort, qui cause mon ennuy,
Que le camp Affricain ne combatoit que luy,
Et son corps déchiré par un effort terrible,
Pasle, mort, & sanglant, fut un objet horrible :
Tel est l'heureux succez, des peines que ie prens,

Vous

TRAGI-COMEDIE

Vous l'auez desiré, tenez ie vous le rends,
Mais payez ce labeur comme il est raisonnable:
La parolle des Roys doit estre inuiolable:
Vous auez tout promis.

ANDROMIRE.
Que voulez vous de moy
Apres sa liberté?

ARBAS.
La gloire d'estre Roy.
C'est ce que ie demande en l'estat ou nous sommes:
I'attens vostre responce auecque dix mille hommes;
C'est, Madame, à leur teste, apres tant de sermens,
Que i'attendray vostre ordre & vos commandemēs.

SCENE CINQVIESME.

ANDROMIRE, CLEONIME, STRATO-
NICE, POLICRITE, MENANDRE, CRA-
TES, Troupe des filles de la Reyne. Troupe de Gardes.

ANDROMIRE.

O Dieux, ô iustes Dieux, quel destin est le nostre?
En sortant d'vn mal-heur, nous entrons dans
vn autre!
Les vœux les propres vœux que mon ame a poussez,
Destruisent mon espoir, lors qu'ils sont exaucez.
Pour vostre liberté ie promis toute chose;
Et cette liberté, de ma mort est la cause.

M

Pour vous tirer des fers, ie voulus tout donner;
Et vous tirer des fers, c'est vous abandonner.
Ainsi l'Astre malin, qui tousiours m'importune,
M'empoisonne la joye & la bonne fortune:
Le plaisir m'est funeste & le bon-heur fatal:
Qui croiroit qu'vn Riual deliurast vn Riual?
Qu'il s'exposast pour luy dans le peril des armes;
Et que vostre retour me deust couster des larmes?
O le bizarre estat ou le sort nous reduit!
Qui nous haït nous oblige, & qui nous sert nous nuit:
Son secours m'est funeste, & sa pitié barbare;
Sa main nous reünit, & sa main nous separe;
Par elle nous viuons, par elle il faut mourir;
Elle agit pour nous perdre, & pour nous secourir:
Elle nous monstre vn biē, dont seule elle nous priue;
Elle excite les flots, & nous fait voir la riue;
Et par vne action estrange à conceuoir,
Elle commet vn crime en faisant son deuoir.
Moy mesme par des vœux, suis contraire à moy
Ie m'impose vne loy d'vne rigueur extréme, (mesme
I'interesse les Dieux à ses contentemens;
Et i'atire leur foudre auecques des serments.
Comme si c'estoit peu de combatre la Terre,
I'oblige encor le Ciel, à me faire la Guerre:
Et d'vne ou d'autre part, mes esprits desolez,
Regardent des sermens ou des vœux violez.
Icy l'Amour m'oblige, icy la foy m'engage;
D'vn costé ie me nuis, de l'autre ie m'outrage:

TRAGI-COMEDIE.

J'ay iuré, i'ay promis, & dans ce desplaisir,
Mon cœur irresolu ne sçauroit que choisir.
Ce n'est pas que l'amour ne conserue sa flame,
Mais la crainte des Dieux est aussi dans mon ame:
Et puis cet insolent qui m'impose des loix,
Ne nous a pas laissé la liberté du choix.
Où s'il nous en laisse vn en nous venant poursuiure,
C'est celuy seulement de mourir ou de viure :
Et mon cœur se resout comme il est Genereux,
A prendre le plus iuste, & le plus dangereux.

CLEONIME.

Souffrez pour faire voir sa vanité trompée,
Qu'il prenne la Couronne au bout de mon espée:
Que i'aille de ce pas punir cét insensé,
Et du crime present, & du crime passé.
Déja depuis long-temps, il merite vn suplice :
En souffrant ses erreurs, i'en deuiens le complice,
Ie merite le mal qu'il me fait auiourd'huy,
Si mon cœur outragé ne se vange de luy.
Madame, permettez que ma iuste colere,
Arme à la fin mon bras contre ce temeraire;
Que i'apporte à vos pieds sa teste & son orgueil,
Et qu'indigne du Throne, il rencontre vn cercueil.

ANDROMIRE,

Dieux vn trop grand peril, suit ce qu'on me propose!
Ignorez-vous qu'Arbas peut icy toute chose?

M ij

Avez vous entendu qu'il a dit en sortant,
Que des miens revoltez, vne troupe l'attend ?
Que dix mille soldats authorisent son crime ?
Ha ne vous perdez pas Genereux Cleonime !
Ne vous commettez point auec vn insensé,
Qui pourroit acheuer ce qu'il a commencé.
Dés que vous fustes pris, ce traistre plein d'audace,
Changea les Corps de garde, & l'ordre de la place :
Il mit par tout des gents qui dependent de luy,
De sorte qu'ozant tout, il peut tout auiourd'huy:
Et sa temerité, déja trop criminelle,
Peut faire vn assassin aussi bien qu'vn rebelle,
Ha ce triste penser me glace tout le sang,
Que ne feroit-il point pour se voir à mon rang !

CLEONIME.

Vous craignez vn forfait, dont il n'est pas capable :
Le front des gens de bien épouuente vn coupable :
Et le iuste remors fait au plus inhumain,
Tomber visiblement les armes de la main.
Non, non, ne craignez pas ce qui n'est pas à craindre :
Et puis, quãd i'y mourray, ma mort est elle à pleindre ?
Ie meurs pour le païs, pour l'amour & pour vous ;
Mourir ainsi, c'est viure, & mon sort sera doux.

ANDROMIRE.

Pour augmẽter mes maux, aussi biẽ que mes larmes,
Vn specieux pretexte authorise ses armes :

TRAGI-COMEDIE,

Et par mes sentimens, trop inconsiderez,
Il m'opose les Dieux & mes sermens iurez.

CLEONIME.

Et bien, pour vous sauuer de la sensible iniure,
Ou d'Amante infidelle, ou de Reine pariure,
Pour degager ce cœur, de ce qu'il a promis,
Il faut que ie retourne au camp des ennemis.
Aussi bien ie rougis, & de honte, & de rage,
De me voir deliuré par celuy qui m'outrage;
Et ie merite enfin de me voir affligé,
Puis que i'ay pû souffrir qu'Arbas m'ait obligé.

ANDROMIRE.

Perdez au nom des Dieux, cette funeste enuie:
Si vous m'abandonnez, qui deffendra ma vie?
Mais Ciel! s'il reste icy, n'est-ce pas l'exposer,
Aux fureurs d'vn Riual, qui pourra tout ozer?
S'il part ie suis perduë, & s'il faut qu'il demeure,
Ie preuoy qu'en sa mort, il faudra que ie meure:
Ainsi de tous costez voyant du deplaisir,
Entre de si grands maux, ie ne sçay que choisir.

STRATONICE.

On peut encor changer cette triste journée,
En acheuant Madame, vn plus iuste himenée:
Faites vous vn mary d'vn Prince vertueux,
Et vous moquez apres de ce presomptueux.

M iij

POLICRITE.

C'est l'vnique remede au mal qui vous menace:
Par la vous changerez la tempeste en bonace;
Par la vostre grand cœur nous peut tous secourir,
Et vous triompherez, quand vous pensez mourir.

ANDROMIRE.

L'on me donne vn conseil qu'il faut que ie refuse,
Parce que ce Tyran peut tout dans Siracuse:
Et qu'acheuer ainsi nostre hymen à ses yeux,
C'est redoubler l'accez d'vn esprit furieux;
C'est porter sa manie apres cét hymenée,
Aux dernieres fureurs d'vne ame forcenée;
C'est haster nostre perte, & les decrets du sort,
C'est signer son trespas & conclure ma mort.

CLEONIME.

Vostre mort! ha bons Dieux, ce seul mot m'assassine!
Non, non, cedez plutost au Prince de Messine;
Contentez son orgueil & sa temerité;
Qu'il reçoiue vn honneur qu'il n'a pas merité;
Qu'il obtiēne aujourd'huy le Sceptre & la Courōne;
Mais qu'il obtienne plus, vostre illustre personne;
Qu'il possede vn thresor qui n'a point de pareil,
Depuis le iour naissant jusqu'au lict du Soleil,
Que mesme sans combattre il gaigne la victoire,
Et qu'il monte sans peine au temple de la gloire;

TRAGICOMEDIE.

Qu'il triomphe d'vn cœur qui triompha de tout,
Le mien s'y doit resoudre, & le mien s'y resout.
Ouy, ie dois preferer vostre vie à la mienne:
Auant que n'estre plus, puissiez vous estre sienne:
C'est le dernier souhait que ie puis conceuoir,
Et le plus difficile à ce cœur sans espoir.
Mais lors que cette paix aura finy la guerre,
Souffrez que mon bucher s'allume en cette terre:
Ie ne veux d'vn Estat, & si grand, & si beau,
Q'autant qu'il m'en faudra pour me faire vn tōbeau.

ANDROMIRE.

O sensible discours! ô conseil qui m'outrage!
Qui montre peu d'amour auec peu de courage;
Qui se resout à perdre & mon Sceptre & mon cœur,
Pour suiure l'inconstance & le Char du vainqueur;
Celuy qui peut auoir cette iniuste pensée,
A le cœur peu sensible, & l'ame peu blessée,
Car quelque soit le mal qui doiue succeder,
Sans doute il n'ayme plus, deslors qu'il veut ceder.

CLEONIME.

O supplice effroyable au cœur qui vous adore!
Il est vray, i'ayme peu, puis que ie vis encore;
Car ie deuois mourir à vos yeux adorez,
A l'instant que ces mots ont esté proferez.
Ciel, que vous outragez vn esprit qui vous aime!
Vous dites que d'Arbas, le pouuoir est extréme;

ANDROMIRE,

Qu'on ne peut l'attaquer, qu'il n'est point à propos,
Qu'on hazarde vos jours, comme vostre repos,
Vous me le deffendez quand ie m'y veux resoudre,
Vous parlez de vos vœux, & vous craignez la foudre,
Vous parlez de sermens, de promesse, & de foy;
Enfin ce cœur m'a dit qu'il n'estoit plus à moy.
Ouy vous m'abandonnez, comme tout m'abandonne,
Vous ne trouuez pas bon le conseil qu'on vous donne,
Vous me voulez bannir, & vous me retenez,
Que vous diray-ie plus ? ouy vous m'assassinez,
L'esperance par vous, vient de m'estre rauie,
Et vous me deffendez que ie quitte la vie !
Vostre iniuste pitié m'empesche de mourir,
Plus pour me tourmenter, que pour me secourir.
Mais puis qu'il faut enfin que mon sort s'acomplisse,
N'adjoustez point encor, la longueur au suplice;
Ne me deffendez point le secours que i'atends,
C'est assez de mourir, sans mourir si long-temps.

ANDROMIRE.

Ha cruel ! ha barbare !

CLEONIME.

Ha bons Dieux ! ha Madame !
Iugez par le discours du desordre de l'ame.

ANDROMIRE.

TRAGI-COMEDIE.

ANDROMIRE.
Helas, quelle douleur me donnez vous encor!

CLEONIME.
Helas que ne dit point vn qui perd son thresor!

ANDROMIRE.
Est-ce ainsi qu'on me pleint? est-ce ainsi qu'on m'assiste?

CLEONIME.
C'est ainsi que ie cede au mal-heur qui persiste.

ANDROMIRE.
Quoy, vous m'aimez encor?

CLEONIME.
Quoy vous m'auez aimé?

ANDROMIRE.
Il en doute l'ingrat!

CLEONIME.
En dois-je estre blasmé?

ANDROMIRE.
Il m'accuse il se plaint, luy qui me deuroit plaindre!

ANDROMIRE.
CLEONIME.

Quand on n'espere rien, l'on a droit de tout craindre.

ANDROMIRE.

Et bien, puis qu'il le veut, laissons-luy craindre tout:
Et portons à la fin le mal-heur iusqu'au bout:
Crates approchez vous,

CRATES.

Que dites-vous Madame?

ANDROMIRE.

Gardez bien de trahir le secret de mon ame,
Faites ce que i'ordonne:

CRATES.

Ha plutost le trespas!

ANDROMIRE.

Faites ce que i'ordonne, & ne repliquez pas.
Menandre, allez trouuer le Prince de Messine,
Dites-luy que ie crains la puissance diuine,
Et qu'obseruant tousiours mes sermés & mes vœux,
Il vienne prendre vn Sceptre, allez, car ie le veux.

POLICRITE.

Ha quelle perfidie!

TRAGI-COMEDIE.
STRATONICE.
O quelle violence!
CLEONIME.

Le respect & la mort m'imposeront silence :
Et malgré ma douleur, i'auray pour mon objet,
Qu'elle est deux fois ma Reine, & moy deux fois
    suiet.

ACTE V.

POLICRITE, STRATONICE, MENAN-
DRE, CLEONIME, ARBAS, Troupe de
Gardes, Troupe des Filles de la Reyne, ANDRO-
MIRE, IVGVRTHE, SIPHAX, Troupe de
Numidiens, MASSINISSE, CRATES.

SCENE PREMIERE.

POLICRITE, STRATONICE,

POLICRITE.

Enfin voila ma perte, & l'effet de ma
crainte:
Sa flame est veritable, & sa colere est feinte.
Elle n'escoute plus, ny raison, ny devoir,
Et ne l'a méprisé que pour nous decevoir.
A cette injuste amour son ame s'abandonne:
Elle s'offre soy-mesme auecque la couronne,
Elle veut qu'vn perfide ait le Sceptre aujourd'huy;

TRAGICOMEDIE.

Et que viuant pour elle, on meure encor pour luy.
Il ne luy souuient plus qu'elle a donné naissance,
A cette ingratte amour dont ie sens la puissance,
Et qu'elle m'ordonna d'aimer cét inconstant,
Que peut estre ses yeux m'osterent à l'instant.
Impitoyable sœur, impitoyable Reine,
Qui fistes naistre vn feu, qui fait naistre ma peine,
Puis que pour obeir i'ay receu ce vainqueur,
Ne m'ostez point Arbas, ou rendez moy mon cœur.
Mais son peu d'amitié n'est pas son plus grãd crime
Que n'a-t'elle promis au Prince Cleonime?
Et combien de sermens va-t'elle rendre vains,
Par l'accomplissement de ses mauuais desseins?
Est-il rien de sacré, rien de saint, rien d'auguste,
Que par vn artifice aussi trompeur qu'iniuste,
Elle n'aist attesté pour nous deceuoir mieux?
Ha par la nostre cause est la cause des Dieux!
Et leur propre interest, les doit faire resoudre,
A punir vn peché si digne de la foudre.
Esperons, esperons, il est encor permis:
Opposons nous au crime auant qu'il soit commis,
Et n'endurons iamais la rigueur infinie,
Qui de la Royauté, passe a la Tirannie;
Qui mesprise & trahit l'amour & l'amitié,
Insensible au deuoir autant qu'à la pitié.
Non, non, opposons nous à cette ame hypocrite,
Qui trompe Cleonime & qui perd Policrite.
Toute chose est permise en cette extremité;

Et le vray desespoir n'a rien de limité.
Ma sœur au nom des Dieux, aidez à ma vengeāce,
Ne me refusez point icy vostre assistance,
Mon sort est en vos mains, & sans plus discourir,
Policrite par vous, s'en va viure ou mourir.

STRATONICE.

Moderez donc ma sœur, le soing qui vous afflige :
Quel que soit le seruice ou ce discours m'oblige,
Tenez pour asseuré, s'il sert à vostre bien,
Que ie ne sçay point l'art de vous refuser rien ;
Parlez.

POLICRITE.

Vous auez sçeu du Prince Cleonime,
Que l'illustre Siphax n'a point commis de crime :
Qu'il est tousiours Amant, & tousiours Genereux,
Et que vous seule encor le pouuez rendre heureux.
Or voicy le chemin que ma douleur veut prendre :
Escriuez à Siphax, qu'il peut croire Menandre ;
Et que s'il veut vous plaire, il fasse exactement,
Tout ce que prescrira vostre commandement.

STRATONICE.

Mais quel est ce dessein ?

POLICRITE.

Vn dessein legitime :
Il suffit que Siphax ne hait pas Cleonime ;

TRAGI-COMEDIE.

Que la raison permet ce que ie veux tenter;
Et qu'ainsi vostre esprit n'a rien a redouter.

STRATONICE,

Ie veux ce qui vous plaist, mais faites que ie sçache.

POLICRITE.

Le temps vous fera voir, ce que le tẽps vous cache:
Il nous presse ma sœur, & le danger aussi;
Menandre doit venir, & ie l'attends icy;
Le voila qui paroist:

STRATONICE.
Adieu ie me retire,
Et pour vous laisser libre, & pour aller escrire.

POLICRITE,

Ie vous deuray le iour que l'on me veut rauir.

STRATONICE.

Et i'exposeray tout, afin de vous seruir.

SCENE SECONDE.
POLICRITE, MENANDRE.
POLICRITE,

Que dois-je me promettre en vn fait d'importance

Et de vostre courage & de vostre assistance?

MENANDRE.

Toute chose, Madame, & mon cœur se resoud,
De n'oublier jamais qu'à vous seule il doit tout.
Ie sçay que de vous seule, encor qu'on me traverse,
Ie tiens absolument la charge que i'exerce :
Que ce n'est que par vous que ie commande au Fort,
Et que vous seule en fin auez changé mon sort.
Ainsi ne craignez pas dans vostre inquietude,
De trouuer en Menandre aucune ingratitude :
Vostre commandement sera tousiours ma loy;
Et si ie puis seruir, esperez tout de moy.

POLICRITE.

Regardez si quelqu'vn ne nous peut point entendre.

MENANDRE.

Nous sommes seuls, Madame.

POLICRITE.

Escoutez donc Menandre,
Le Ciel qui voit enfin, les pleurs de l'oppressé,
A fait qu'en changeant tout Arbas vous a laissé :
Et que par vne erreur fauorable à ma flame,
Il a cru que son or auoit gaigné vostre ame :
Qu'il pouuoit s'asseurer en vostre affection ;
Et que vous seruiriez à son ambition.

De

TRAGI-COMEDIE.

De sorte qu'en changeant l'ordre de Cleonime,
Soit qu'aux yeux de la Reine il ait caché son crime;
Soit qu'il ait creu regner aux lieux qu'elle habitoit;
Il a laissé le Fort en l'estat qu'il estoit.
Ainsi pour me sauuer, le Ciel m'offre vne voye;
Car l'insolent Arbas ne pense qu'à la ioye;
Et le Prince affligé, detestant son mal-heur,
L'vn songe à ses plaisirs, & l'autre à sa douleur:
Et l'vn & l'autre enfin permettent d'entreprendre
Ce que veut Policrite, & ce que doit Menandre.
Allez trouuer Siphax, puis qu'il vous est permis;
Et liurez vne porte au Chef des ennemis.

MENANDRE.

Madame!

POLICRITE.

Ce remede est (dans vn mal extréme,)
Pour le bien de l'Estat, & de la Reine mesme.

MENANDRE.

Mais l'honneur me defend....

POLICRITE.

De me rien refuser,
Si l'infidelité n'a voulu m'abuser.

MENANDRE.

Ie vous dois obeir, mais il est difficile:

O

POLICRITE.

Il y va du salut de toute la Sicile :
L'on arriue à l'honneur par des lieux differens ;
Et rien n'est defendu pour perdre les Tirans.

MENANDRE.

Madame, songez bien ....

POLICRITE.

La chose est resoluë ;
Ie le commande enfin de puissance absoluë.

MENANDRE.

Quelque difficulté que ie trouue à trahir,
Puisque vous le voulez, il vous faut obeir.

POLICRITE.

Non, non, cette action n'est ny lasche, ny noire ;
Loin d'aller à la honte, elle meine à la gloire :
Elle est vn pur effet d'honneur & de pitié :
Cleonime & Siphax estans ioints d'amitié,
I'apelle ce dernier, pour conseruer le Prince,
Pour deliurer la Reine, & sauuer la Prouince.

MENANDRE.

Ie sers aueuglement :

TRAGI-COMEDIE. 107

POLICRITE.

Venez prendre en sortant
La lettre de creance, & partez à l'instant.

MENANDRE.

Ie vous cede, Madame, & vous serez seruie.

POLICRITE.

C'est de là que dépend mon bon-heur & ma vie;
Et si vous conseruez mes iours & mon bon-heur,
Ie me charge du soin de sauuer vostre honneur.
Ingrat, qui veux m'oster vne ame qui fut mienne,
Il faut que tout perisse, ou que ie te retienne:
Et l'Estat, & mes iours, & les tiens, & ma sœur;
Puisque qui meurt vangé, ne meurt pas sans douceur.

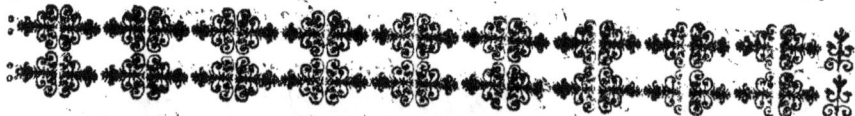

SCENE III.
CLEONIME.

Que ie suis affligé! que mon ame est confuse!
Quoy, i'offre le combat, ce lasche le refuse!
Il reçoit vn Cartel, il ne veut pas venir!
Et ie voy son orgueil, sans le pouuoir punir!
Quoy donc, ce digne objet de mespris & de haine,

O ij

A mes yeux, mal-gré moy, va posseder la Reine!
Il s'en va me rauir le prix de mon amour,
C'est à dire l'honneur, le plaisir, & le iour!
Perfide, c'est en vain que tes pensers te flatent:
Il faut que ma colere & ma vangeance esclatent;
Et qu'aux yeux de l'objet qui me manque de foy,
Ie perde vn temeraire auant qu'il soit mon Roy.
Helas, qui vid iamais de telles infortunes!
Où sont de mes flateurs les troupes importunes?
Ces amis d'interest, ces esclaues sans foy;
Leur crime & mon mal-heur les esloigne de moy.
Ie suis abandonné de toute la Nature;
Nul ne veut s'engager dans ma triste auanture;
Le premier coup de vent les a tous dissipez;
Et chacun fuit des lieux que la foudre a frapez.
O Reine sans parole & sans foy! belle ingrate,
Dont mal-gré ma douleur, le souuenir me flate;
Si parmy les transports d'vn si iuste courroux,
I'ose vous accuser; que me respondrez-vous?
Ie sçay que vous direz, qu'vn serment vous oblige;
Que ie vous conseillé cét Hymen qui m'afflige;
Que par là mon respect se fit voir sans pareil;
Il est vray que l'Amour vous donnoit ce conseil,
Mais il est encor vray, que pour me faire viure,
L'Amour vous defendoit luy-mesme de le suiure:
Oüy, ie deuois l'offrir, & vous le refuser;
Et tout cœur genereux en deuoit mieux vser.
O Dieux, infortuné! qu'est-ce que tu regardes?

TRAGI-COMEDIE.

C'est ce lasche Riual, enuironné de Gardes:
Approchons, on ne peut, il le faut, iustes Cieux!
Le nombre qui le suit le desrobe à mes yeux.

SCENE IV.

CLEONIME, ARBAS, Troupe de Gardes.

CLEONIME.

VOstre pouuoir, Arbas, paroist en vostre suite:

ARBAS.

Ie ne dois mes Amis, qu'à ma bonne conduite.

CLEONIME.

Vous auriez plus d'honneur, si vous en auiez moins:

ARBAS.

Ma gloire ne sçauroit auoir trop de tesmoins.

CLEONIME.

Ie vous attendois seul au pied de nos murailles:

ARBAS.

L'Amour pour auiourd'huy me defend les batailles.

O iij

ANDROMIRE,

CLEONIME.

Pourquoy vous mesliez-vous de rompre ma prison?

ARBAS.

Qui se plaint d'vn bien fait, a fort peu de raison.

CLEONIME.

Ie ne veux rien deuoir à celuy qui m'irrite.

ARBAS.

Quand on procede ainsi, l'on est aisément quitte.

CLEONIME.

Vous refusez enfin l'honneur qu'on vous offroit?

ARBAS.

Ie l'aurois accepté, si l'Amour le souffroit.

CLEONIME.

Mais vous n'osez paroistre où i'estois en personne?

ARBAS.

Mais nous en parlerons, quand i'auray la Couronne.

CLEONIME.

La Couronne!

TRAGI-COMEDIE.

ARBAS.

Elle-mesme;

CLEONIME.

Ha c'est trop!

VN GARDE.

Respectez
La Reine qui paroist; ha, Seigneurs, arrestez.

SCENE V.

ANDROMIRE, CLEONIME, POLICRITE, ARBAS, STRATONICE, Troupe des Filles de la Reine, Troupe de Gardes.

ANDROMIRE.

DE crainte que les Dieux ne me iugent coupable,
D'vn crime dõt mõ cœur ne fut iamais capable,
Et voulant obseruer les sermens que i'ay faits;
Ie change maintenant ma promesse en effets:
Et sans considerer, ny mon bien, ny ma peine,
Deuant vous faire Roy, ie cesse d'estre Reine;
I'acheue aux yeux de tous, ce dessain important;
Et vous remets le Sceptre, où vous aspirez tant.

ANDROMIRE,
CLEONIME.

O Dieux, c'est à ce coup qu'il faut quitter la terre!
Ce funeste discours m'est vn coup de tonnerre:
Comme il m'oste l'espoir, il doit m'oster le iour,
Où ie suis sans courage, ainsi que sans amour.
Enfin, Madame, enfin, aprés tant d'asseurance,
Et d'amour sans égale, & de perseuerance;
Aprés tant de sermens, & receus, & donnez,
Ie suis tousiours fidele, & vous m'abandonnez.
Helas! foibles sermens, où i'apuyois ma gloire,
Sortez de mon esprit, comme de sa memoire:
Mais si prés de la mort, puis-ie sans vous fascher,
Et m'en ressouuenir, & vous les reprocher?
Non, non, iusqu'au tombeau, ie veux que dans mon (ame,
Paroisse le respect, aussi bien que la flame:
Et mal-gré la rigueur des plus sensibles coups,
Que mon desespoir mesme en ait encor pour vous.
Ie veux me souuenir que i'estois temeraire;
Que ie ne fus iamais qu'indigne de vous plaire;
Et qu'ainsi mon orgueil & ma temerité
Reçoiuent auiourd'huy ce qu'ils ont merité.
Ie veux sans murmurer, qu'vne iuste contrainte
Defende à mon esprit la douceur de la plainte:
Et croire, quelque mal qui me doiue assaillir,
Que l'equité des Dieux ne peut iamais faillir.
Ie n'accuseray point, ny mes Dieux, ny ma Reine;
Ce seroit meriter, & mes maux, & sa haine:

I'aime

TRAGI-COMEDIE.

J'aime mieux confesser, que ce cœur doit finir;
Que c'est vn criminel, & qu'il faut le punir;
Mais puis qu'il aime encor, & que rien ne le change,
Voicy qui le punit, & voicy qui vous vange.

ANDROMIRE.

Helas! que faites-vous?

POLICRITE.

Dieux, Siphax ne vient point!

CLEONIME.

J'acheue vne auanture, où le mal-heur est ioint;
Ie me punis, Madame, & ie cesse de viure;
Ie me sers, ie vous plais, ie meurs, ie me deliure;
Ie cede au plus heureux, i'obserue vostre loy;
Ie vous oste vn esclaue, & ie vous laisse vn Roy.

ANDROMIRE.

Attendez vn moment;

CLEONIME.

C'est prolonger mon crime.

ANDROMIRE.

Enfin ie le commande, arrestez Cleonime.

CLEONIME.

Helas, rien desormais ne peut me secourir?
On m'empesche de viure, ainsi que de mourir.

P

ANDROMIRE.

Estes-vous satisfait ?

ARBAS.

Oüy, gloire des Princesses.

ANDROMIRE.

Suis-ie quitte enuers vous de toutes mes promesses ?

ARBAS.

Ce cœur que tant d'esclat auoit sceu me rauir,
Ne demande plus rien que l'heur de vous seruir.

ANDROMIRE.

Puisque vostre bon-heur est au degré suprême,
Trouuez bon que mon cœur agisse pour soy-mesme ;
Et qu'il apprenne à tous, qu'vne amour sans raison
M'a contrainte auiourd'huy de prendre du poison.

ARBAS.

Iuste Ciel !

CLEONIME.

Iustes Dieux !

ANDROMIRE.

Possedez la Couronne ;
Vous n'aimez que le Sceptre, & ie vous l'abandonne.

Et vous qui me croyez sans cœur & sans pitié,
Vous plaindrez-vous encor de mon peu d'amitié?

CLEONIME.

Helas! en doutez-vous? oüy ie m'en plains, Madame;
Attaquer vos beaux iours, c'est attaquer mon ame;
Vous perdre, c'est me perdre, & plus sensiblement;
Car ie ne crains la mort que pour vous seulement.
Auant que retrancher le cours de vos années,
Il falloit obeir aux fieres destinées;
Il falloit oublier vn homme infortuné,
Qui causant vostre mort, voudroit n'estre point né.
Cette preuue d'amour, aussi dure que grande,
N'est point, helas, n'est point celle que ie demande!
Vne larme, vn soupir, vn regret, quelque effort,
Sans vous oster la vie, auroit payé ma mort:
Et sans vous perdre ainsi, la moindre de ces marques
M'auroit mis sans douleur entre les mains des Par-
Au lieu que voyant perdre vn objet reueré, (ques:
Et pour l'amour de moy, ie meurs desesperé.
Ie suis trop mal-heureux, vous estes trop fidelle;
Vn excez de bonté vous fait estre cruelle;
Vous me desobligez, en voulant m'obliger;
Et toute vostre amour ne sert qu'à m'affliger.
Et toy, cœur sans pitié, cœur plein de barbarie,
De qui l'ambition va iusqu'à la furie;
Qui sans aimer la Reine, aspires à son rang;

Prens vn Throsne moüillé de larmes & de sang:
Va Tigre couronné, fonder ta tirannie,
Et fais de la Sicile vn païs d'Hircanie:
Immole à ton orgueil toute sorte d'objets;
Regne dans vn desert, & sois Roy sans subjets.
Mais si de l'homme encor quelque chose te reste;
Si tu peux estre esmeu par vn sort si funeste;
Et si quelque pitié se mesle à ta rigueur,
Fais que tes premiers coups s'adressent à mon cœur.
Ie t'offre l'estomach; leue la main barbare;
Qu'elle ait quelque pitié, puis qu'elle nous separe;
Et d'vn coup pitoyable, autant que furieux,
Exempte-moy du mal de voir mourir mes Dieux.

POLICRITE.

Voila, voila l'effet de tes vœux legitimes!
Il falloit acheuer par le plus grand des crimes;
C'estoit peu que ma mort, & que manquer de foy;
C'estoit peu qu'vn subjet se voulust faire Roy;
C'estoit peu que l'orgueil, & peu que l'homicide;
Il te falloit encor l'horrible parricide;
Tu finis vn dessain, & si grand, & si beau;
Te voila sur le Throsne, & ta Reine au tombeau.
Perfide, scelerat, esprit remply de rage;
Horreur de l'aduenir, deshonneur de nostre âge;
Lasche Monstre d'orgueil & de desloyauté,
Gouste, gouste le bien qui suit la Royauté:
Mais haste-toy, meschant: car tu dois te resoudre

TRAGI-COMEDIE.

A voir punir ton crime, à voir tomber la foudre;
Les soupirs de mon cœur, les larmes de mes yeux,
L'arracheront enfin d'entre les mains des Dieux;
Et si l'equité regne en la troupe celeste,
Ta fatale grandeur te deuiendra funeste.

ARBAS.

Inuoquez, inuoquez contre vn ambitieux
Le secours de la Terre, & le secours des Cieux.
Armez tout l'Vniuers contre vn Monstre effroyable,
Dont le crime est si grand qu'il en est incroyable.
Sousleuez contre luy le Ciel & les Enfers;
Arrachez-le du Throsne, & l'accablez de fers;
Faites agir sur luy les plus cruelles gesnes;
Et d'vne longue mort faites durer ses peines:
Aprés la trahison & l'infidelité,
Il ne peut tant souffrir, qu'il n'ait plus merité.
Mais si vous desirez que son mal soit extréme,
Souffrez qu'il soit sa foudre & son bourreau luy-mesme:
L'image de son crime excite des remors
Plus sensibles au cœur que les plus dures morts.
Desia le desespoir & l'horreur l'enuironnent;
Il succombe desia sous les coups qu'ils luy donnent;
Il est dans les Enfers, encor qu'il soit icy;
Et l'on n'y souffre rien qu'il ne ressente aussi.
Il sent feux, fers, poisons, aprés ses barbaries;
Et ramper dans son sein les serpens des furies.
Ha perfide Sosibe! ha flateur desloyal!

P iij

ANDROMIRE,
Qui voulus m'aueugler par vn bandeau royal:
Tu meurs au lict d'honneur, trop heureux en ton crime;
Et moy ie souffre seul vn tourment legitime:
Que ne peux-tu reuiure encore par ma voix,
Pour te faire mourir, & mille & mille fois!
Ha, Madame, voyez dans ma triste pensée,
Voyez le chastiment de mon ame insensée:
Et croyez que mon cœur vous a bien fait raison,
Et de son insolence, & de vostre poison.
Et vous que ie trahis, adorable Princesse,
Si vostre pitié veut que mon suplice cesse,
Et si cette pitié daigne me secourir,
Accordez à mon cœur la grace de mourir.
Et vous, prestez la main à ce coup fauorable;
Ie suis vostre ennemy, mais ie suis miserable:
Ie suis vostre ennemy, mais estant affligé,
Il vous est glorieux de m'auoir obligé.
Ha! funeste tesmoin de l'erreur de mon ame;
Objet du fol desir, qui me va rendre infame;
Sceptre, mal-gré ta gloire & ton esclat encor,
Retourne dans la fange où se forma ton or.

STRATONICE.

Mais vous perdez le temps en cette plainte vaine,
Au lieu de secourir & de sauuer la Reine:
Viste, qu'on cherche Crate, & qu'il vienne à l'instant
Exercer de son art le pouuoir important.

TRAGI-COMEDIE.
ANDROMIRE.

Helas! ma chere sœur, Crates, ny tous les hommes,
Ne sçauroient nous sauuer, en l'estat où nous sommes,
Mais le mortel effet du poison que i'ay pris,
Separera nos corps, & non pas nos esprits:
Ne le voulez-vous pas? n'auray-ie pas la gloire
De viure aprés ma mort dedans vostre memoire?
Me le promettez-vous? puis-ie esperer ce bien?

CLEONIME.

Voicy qui vous respond, que ie ne promets rien.

ANDROMIRE.

Ce cœur qui fut à moy, maintenant me refuse!

CLEONIME.

Ce cœur qui n'est qu'à vous, se plaint, & vous accuse.

ANDROMIRE.

Il ose contredire, & ne pas obeïr!

CLEONIME.

Il ose toute chose auant que vous trahir.

ANDROMIRE.

Mais i'ordonne qu'il viue;

ANDROMIRE, CLEONIME.

Et l'Amour veut qu'il meure.

ANDROMIRE.

Andromire & l'Amour ordonnent qu'il demeure.

CLEONIME.

Ie survivrois les yeux, dont les miens sont charmez !

ANDROMIRE.

Oüy, vis pour les fermer, si tu les as aimez.

CLEONIME.

Vous voulez que ie vive, & vous m'estes ravie !

ANDROMIRE.

Ie veux finir tes maux ;

CLEONIME.

Finissez donc ma vie.

ANDROMIRE.

Qu'est-ce ?

SCENE

SCENE VI.

VN GARDE, ANDROMIRE, STRA-
TONICE, POLICRITE, Troupe des
Filles de la Reine, CLEONIME, ARBAS.

VN GARDE.

L'Ennemy vient de surprendre le Fort:

ANDROMIRE.

Qu'importe, l'ennemy ne peut rien sur la mort.
Et puis que son orgueil n'en veut qu'à la Couronne,
Il ne sçauroit m'oster que ce que i'abandonne.

LE GARDE.

Il marche sur mes pas, il est proche d'icy;
Mais que dis-ie, bons Dieux! Madame, le voicy.

SCENE VII.

JVGVRTHE, ANDROMIRE, SIPHAX, CLEONIME, ARBAS, STRATO-NICE, POLICRITE, MENANDRE, MASSINISSE, Troupe de Gardes, Troupe des Filles de la Reine, Troupe de Numidiens.

IVGVRTHE.

Soldats, qu'on n'entre point; que chacun se retire.
Ie ne viens pas icy pour auoir vostre Empire;
Moins encor pour forcer vostre inclination,
Par interest d'Estat, & par ambition.
Il est temps desormais que ce dessain finisse:
Siphax a de l'amour, mais c'est pour Stratonice;
De sorte qu'aprouuant son desir amoureux,
Madame, vous & moy le pouuons rendre heureux.
Il a fallu ceder à l'amour qui l'anime,
Et la haute vertu du Prince Cleonime,
Aussi bien que Siphax m'a surpris, m'a charmé,
Et c'est auec raison qu'il en est tant aimé.
Ie sçay qu'entrant ainsi, ie deuiens son complice;
Mais ie ne viens pourtant que pour vostre seruice:

TRAGI-COMEDIE.

Car il m'a fait sçauoir, qu'il estoit à propos
D'agir pour vostre bien, & pour vostre repos:
Ie fay ce qu'il luy plaist, luy, ce qu'vn Dieu commande;
Il attend cét honneur, & ie vous le demande.

ANDROMIRE.

Grand Prince, en mon mal-heur, ie sens quelque
　plaisir,
De pouuoir contenter vn si iuste desir:
Auec moins de regret ie vay quitter la terre,
Puisque ie voy finir vostre haine & la guerre:
Et puis qu'elle finit par vn si doux accort,
Cét Hymen glorieux adoucira ma mort.

SIPHAX.

Sa mort! qui peut troubler cette heureuse iournée?

CLEONIME.

La Reine, cher Siphax, qui meurt empoisonnée.

SCENE DERNIERE.

CRATES, ARBAS, CLEONIME, IV-
GVRTHE, ANDROMIRE, SIPHAX,
POLICRITE, STRATONICE, ME-
NANDRE, MASSINISSE, Troupe de
Gardes, Troupe des Filles de la Reine, Troupe
de Numidiens.

CRATES.

SEigneur, chacun le croid, auec peu de raison:
Il est vray que la Reine a voulu du poison;
Qu'elle m'en demanda dans l'excez de sa peine:
Mais craignant vn effet, ou d'amour, ou de haine,
Ie feignis d'en donner, sans en donner pourtant;
Afin de m'esclaircir de ce poinct important.
Car veu le desespoir qui paroissoit en elle,
L'obeissance aueugle eust esté criminelle.

ARBAS.

O seruiteur prudent! ô bien-heureux trompeur!
Les Dieux en soient loüez, nous n'aurons que la peur;
Poussons des vœux au Ciel, la Reine est conseruee;
Elle se voulut perdre, & Crates l'a sauuée.

TRAGI-COMEDIE.

CLEONIME.
Dieux, le pouuons-nous croire?
CRATES.
Il n'en faut plus douter;
Et l'Estat sur ce poinct n'a rien à redouter:

ARBAS.
Madame, reprenez ces glorieuses marques,
Que laisserent pour vous, vos Peres, nos Monarques:
Regnez, & pardonnez; ou si ie dois finir,
Faites qu'on me pardonne auant que me punir.

IVGVRTHE.
Madame, puis qu'on void nos peines terminées,
Acheuez auiourd'huy ces trois grands hymenées.

ANDROMIRE.
Ie veux ce qui vous plaist; qu'on les face approcher:
Princes, ie vous remets ce que i'ay de plus cher.

SIPHAX.
Ie le reçoy, Madame, & me donne moy-mesme:

IVGVRTHE.
Et ie leur donne encor, & Sceptre, & Diadéme.

ARBAS.
De mes Dieux irritez i'aproche auec terreur:

Q iiij

ANDROMIRE, POLICRITE.

Ces Dieux qui sont tous bons, oubliront vostre erreur.

ANDROMIRE.

Vous qui par tant d'amour m'auez tant obligée,
Et qui tenez encor ma parole engagée,
Ie vous remets le Sceptre, vnique & cher Vainqueur;
C'est tout ce qui me reste, ayant donné mon cœur.

CLEONIME.

Ie reçoy cette main, & si belle, & si forte;
Mais elle gardera le Sceptre qu'elle porte:
Et comme d'vn subjet vous auez fait vn Roy,
Ie veux faire qu'vn Roy sera subjet en moy;
Et conseruer pour vous la mesme obeïssance,
Où i'estois obligé par droict & par naissance.

ANDROMIRE.

Pour ne voir rien d'amer en vn estat si doux,
Il faut que l'amitié recommence entre vous.

CLEONIME.

Si ie ne le cheris, n'aimez plus Cleonime:

ARBAS.

Et si ie ne vous sers, faites punir mon crime.

TRAGI-COMEDIE.
ANDROMIRE.

Ie perds le souuenir des desordres passez;
Ie ne veux point sçauoir ceux qui nous ont laissez;
Ny ceux qui sans nostre ordre ont liuré cette place;
Et s'ils sont criminels, ma bonté leur fait grace.

IVGVRTHE.

Qu'on rende aux prisonniers, & biens, & libertez;
Qu'on rende aux Gouuerneurs leurs Forts & leurs
    Citez;
Qu'on arme nos vaisseaux; & que chacun s'aplique
A nous mettre en estat d'aller reuoir l'Affrique.

ANDROMIRE.

Aprés tant de bon-heur, que nous tenons des Cieux,
Il faut aller au Temple en rendre grace aux Dieux.

IVGVRTHE.

Que le Camp & la Ville également admire,
Et l'heur de Cleonime, & celuy d'Andromire.

Fin du cinquiesme & dernier Acte.

Extraict du Priuilege du Roy.

PAr grace & Priuilege du Roy, donné à Paris le troisiéfme iour de May mil six cens quarante-vn, signé, Par le Roy en son Conseil, LE BRVN, il est permis à ANTOINE DE SOMMAVILLE, Marchand Libraire à Paris, d'imprimer ou faire imprimer, vendre & distribuer vne piece de Theatre intitulée, *Andromire, Tragicomedie, de Monsieur de Scudery*, & ce durant le temps de cinq ans, à compter du iour que ladite Piece sera acheuée d'imprimer, & defenses sont faites à tous Imprimeurs & Libraires, & autres de quelque condition qu'ils soient, d'en imprimer, vendre ou distribuer d'autre impression que de celle qu'aura fait ou fait faire ledit DE SOMMAVILLE ou ses ayans cause, sur peine aux contreuenans de mil liures d'amende, & de tous ses despens, dommages & interests; ainsi qu'il est plus amplement porté par lesdites Lettres, qui sont en vertu du present extraict tenuës pour deüement signifiées.

Acheué d'imprimer le 28. May 1641.

Les Exemplaires ont esté fournis.